FÜR
CHRISTOPHER BULLE

I

Reitmayr wollte sich endlich selbst ein guter Freund sein. Er blickte aus einem der Fenster seines Eckbüros in der Frankfurter Innenstadt; es hatte zu stürmen begonnen. Auf dem Trottoir sah er das Herbstlaub in Kreisen tanzen. Er ließ den Blick schweifen und seine Gedanken fliegen. Mit dem Bezug dieses großzügig geschnittenen Büros im zwölften Stock hatte Reitmayr alles erreicht, was es in der Jurisprudenz zu erreichen gab. Denn das Eckbüro war viel mehr als ein Zimmer mit Aussicht auf den Main und den großen Monolithen am östlichen Ende Frankfurts, die EZB. Das Zauberwort hieß *Partnerschaft*. Und das war mit dem Beginn ihres Jurastudiums für sie alle das erklärte Ziel gewesen. Was sie aber auch alle wussten, die meisten aber verdrängten: Es würden niemals alle Partner werden. Es galt, die ganzen Anstrengungen, Ausbeutungen und Erniedrigungen dem hehren Ziel, der Teilhaberschaft in einer angesehenen Anwaltskanzlei, unterzuordnen. Dann würde man alles geschafft haben. Dachten sie. Und Reitmayr hatte es geschafft. Mit dreiundvierzig. Damit lag er am unteren Ende des Altersdurchschnitts in seiner Firma, die knapp zweihundert Berufsträger, man hätte auch einfach Anwälte sagen können, an vier Standorten in Deutschland beschäftigte. Und nur zweiundzwanzig davon waren Partner. Und nur zwei von diesen Namenspartner. Alle anderen standen zwar auf der Rückseite des Briefbogens, aber nicht auf dem Firmenschild. Das war den beiden Gründungspartnern vorbehalten. Sie hatten nie ein Schild mit vielen Namen gewollt.

Reitmayr fuhr sich mit Daumen und Zeigefinger am gesteppten Revers seines Maßanzugs entlang. Ein gedecktes Nachtblau, das seine noch immer sportliche Figur umschmeichelte. Wie ein billiger Stereotyp war Sport immer noch sein Ausgleich zum Schreibtischdasein. Sport und eine erweiterte Form von Sport: hemmungsloser Sex. Um hemmungslos zu sein, brauchte es für ihn nur eins: Unverbindlichkeit. Und nichts war in einer Großstadt leichter zu bekommen als Unverbindlichkeit – zu anderen, aber vor allem zu sich selbst. Ob sie nun Larissa, Svea oder Ricarda hießen: Alle waren jung, gutaussehend und unglaublich strebsam. MBA, LL.M., egal welche Titel ihre Namen am Tage schmückten, nachts waren nicht nur alle Katzen, sondern auch die Gelüste grau. Für Reitmayr manchmal zu grau. Nur der sportliche Aspekt reizte ihn noch. Seine letzte Affäre, wenn man diesen zwischenmenschlichen Stellungskampf überhaupt so nennen konnte, brach unrühmlich und klischeehaft auseinander, als er beim Orgasmus den falschen Namen stöhnte. Wie schnell doch durch ein einziges herausgepresstes Wort sämtliche Zuneigung (Linda, wie sie hieß, hatte sich vorher, im Restaurant *La Vie* im

Grüneburgweg, noch hingebungsvoll um seine liebende Aufmerksamkeit bemüht) wie eine abgedrehte Gasflamme plötzlich auslöschen konnte. Sie war aufgestanden und hatte ihre spärliche, aber sündhaft teure (noch von Reitmayrs Vorgänger bezahlte) Abendbekleidung zusammengerafft. Reitmayr hörte nur noch seine schwere Wohnungstür zuschlagen.

Raus kam man aus seiner Wohnung inzwischen deutlich leichter als rein. Denn auch die Diebesbanden hatten begriffen, dass in den Wohnblöcken am Mainufer mehr zu holen war, als man ihnen von außen ansah. Das war ungewolltes Understatement. Die Baubehörde hatte keine ausufernde Architektur an der Mainuferlinie zugelassen, und so waren halbhohe Hochhäuser in nahezu gleicher Optik entstanden. Ein wenig erinnerte es Reitmayr an die funktionalen Bauten Le Corbusiers: Nüchtern betrachtet waren diese Wohnarrangements an der Wasserlinie auch nichts anderes als Sozialbauten. Aber die Wohnungen waren nicht für den Blick von außen gebaut worden. Aus ihnen sollte man hinausschauen.

Reitmayr hatte sich schon zwei Jahre vor seiner Partnerschaft dazu entschieden, zumindest bei seiner Wohnsituation alles auf ein gesundes Fundament zu stellen. Er hatte vorher in einer relativ schmucklosen Altbauwohnung im Frankfurter Nordend gewohnt. Das Viertel war hip und wurde immer teurer, allerdings fehlte Reitmayr die Weite. Der Blick prallte nach nur wenigen Metern auf eine Hauswand. Und wenn Reitmayr in die Wohnungen derer blickte, die das bildungsbürgerliche

Ideal so sehr verinnerlicht hatten, fragte er sich immer wieder, wo denn deren Bühne eigentlich endete und sie mal müde und abgeschafft eine Zigarette rauchten. Stattdessen alberten sie mit den Kindern herum und hatten ein Lächeln im Gesicht, das bei ihm Aggressionen hervorrief. Mit dem Kauf der Wohnung am Main zwang er sich unbewusst auch, die Weichen für eine zukünftige private Partnerschaft zu stellen. Im Kopf formulierte er Annoncen: »Mann mit Wohnung sucht Frau mit Platzbedarf.« Dabei musste er oft kurz kichern und sich über seine alberne Seite wundern, die ihm im Studium abhandengekommen, ja ausgetrieben worden war. »Sie werden Ihr Leben für die nächsten Jahre hier im Hörsaal lassen. Sie gehören mir. Und wer nicht jeden Tag eine von mir als geeignet klassifizierte Tageszeitung mit Wirtschaftsteil liest, kann gleich wieder gehen!«, hatte sein Professor Riebert gesagt. Und sollte damit Recht behalten. Hinterher waren sie eine homogenisierte Gruppe. Selbst in privaten Emails ertappte Reitmayr sich, dass er juristischen Duktus anwendete. Man hatte sie normiert. Das war der Deal, damit sie danach mit einem satten Vergütungssystem Kasse machen konnten. »Gesellschaft in legitimer Weise abschöpfen«, hatte der Professor bei einer etwas beschwingten Feier verlautbart. Reitmayr dachte damals nur kurz: Aber auch legal?

Während der Schulzeit war Reitmayrs humorige Seite kurzzeitig aufgeblüht. Doch wie die Knospen eines Rosenstrauchs wurde diese von seinen Eltern zurückgeschnitten. Er wurde ermahnt, bekam Hausarrest. Bis er funktionierte und sie glücklich waren. Und wer wollte keine glücklichen Eltern?

Seine Eltern waren bei seiner Geburt schon Ende dreißig, was in den Siebzigern noch eine Besonderheit war. Ob das seine Großeltern seien, fragte ihn einmal ein Mitschüler. Reitmayr hatte sein Pokerface aufgesetzt und tapfer verneint. Dass er danach auf der Schultoilette weinte, hatte er keinem erzählt. Vor allem nicht seinen Eltern. Sie waren, und das fasste es ziemlich genau zusammen, das, was man *anständig* nannte. Sie zahlten alle Verbindlichkeiten pünktlich, gingen Streit durch übertrieben sorgsames Verhalten aus dem Weg und taten auch sonst alles, um möglichst ruhig und störungsfrei durch das Leben zu kommen. Reitmayrs Vater war Beamter im sogenannten »einfachen Verwaltungsdienst« gewesen, seine Mutter die klassische Hausfrau. Warum sie ihn so spät und als einziges Kind, bekommen hatten, war nie ein Thema. Auf der großen Couch im Wohnzimmer wurde nicht geredet, man sah fern, und je älter die beiden wurden, desto weiter schien sich jeder in sein eigenes Universum zurückzuziehen. Für Reitmayr stellte sich bloß immer die Frage, was in diesen Universen wohl passierte. Seine Eltern lebten ihr ganzes Leben so vor sich hin und schienen keine persönlichen Interessen oder Wünsche zu haben. Das Leben wurde gelebt wie qua Geburt befohlen, so kam es Reitmayr vor. Wenn er daran dachte, überkam ihn ein leichtes Ziehen im Bauchbereich. Hatten seine Eltern nie eine unbekannte Leidenschaft? Kein dunkles Geheimnis? Wenigstens zusammen hätte er ihnen das irgendwie gegönnt. Aber er nahm an, dass es da einfach nichts gegeben hatte. So einträchtig und einförmig die beiden lebten, so starben sie auch. Kurz hintereinander, ohne großes Aufsehen, und ohne ihr einziges Kind, den Sohn, damit zu behelligen. Reitmayr wunderte sich, wie leicht und dennoch betäubt er diese Zeit hinter sich und seine Eltern unter die Erde gebracht hatte. Manchmal hatte er sich in dieser Zeit ernsthaft eine Schulter zum Anlehnen gewünscht. Dann hörte er morgens wieder die Weltansichten einer dieser Frauen, die er abends aus einem Club mit nach Hause genommen hatte, und war froh, dass es nicht so gekommen war. Sie faselten alle das Gleiche. Alle ihre Sätze begannen mit *Ich*. Gefolgt von angelernten Plattitüden, die sich um Eventmanagement, Master oder Äitsch-Arrr, also Human Resources, drehten. Oder noch schlimmer: Personalentwicklung. Er konnte vor lauter Ekel ein Schütteln nicht vermeiden.

Das Telefon klingelte, Reitmayr schreckte in seinem *Eames-Lounge-Chair*, in dem er saß, hoch und ging etwas benommen zum Telefon.

»Reitmayr«, sagte er mit etwas zu fester Stimme.

»Ja, hallo Herr Doktor Reitmayr, wir suchen die Akte von Herrn Burchardt. Diese Übernahme der ER12-Com Investment AG durch die ZER7-Investment SE…«, blubberte es aus dem Hörer. Reitmayr musste erst einmal die Stimme seiner Assistentin erkennen. Sie war neu, und bisher hatte er sich noch nicht an sie gewöhnen können.

Ihre Vorgängerin hatte sich sechs Jahre um ihn gekümmert. Frau Schmiedle war eine stille Person mit streng zusammengebundenem Haar gewesen, und obwohl sie erst in ihren Zwanzigern war, wirkte sie schon müde. Ob manche Menschen vielleicht schon müde auf die Welt kamen? So müde, wie sie auf ihn immer gewirkt hatte, war sie aber wohl nicht, denn eines Tages verkündete sie ihm, dass sie schwanger sei und schon bald in den Mutterschutz ginge. Reitmayr gestand sich ein, den Bauch, den sie deutlich sichtbar vor sich hertrug, bis zu diesem Tag nicht wahrgenommen zu haben. Das war jetzt aber sowieso hinfällig. Seit acht Wochen wirkte Constanze Neuhaus in seinem Sekretariat. Es herrschte anscheinend Flaute am Arbeitsmarkt für juristisches Assistenzpersonal. Die Leiterin der Personalabteilung hatte nur matt mit den Schultern gezuckt, als er pikiert auf das Foto von Neuhaus zeigte. »Haben die jetzt alle einen Nasenring, damit man sie abends festbinden kann?«, hatte Reitmayr spontan gefragt. Der Personalerin war es egal, denn ihre Abteilung bekam sowieso am wenigsten Anerkennung innerhalb von *Flachs & Delk*, so der Name der Sozietät, der er sein berufliches Leben anvertraute.

Die beiden Gründer Flachs und Delk hatten die Kanzlei Ende der achtziger Jahre in Frankfurt eröffnet. Alfred Flachs war trotz seines Namens nie zum Scherzen aufgelegt. Er war ein erzkonservativer Jurist »mit alten Werten«, wie er vor jungen Berufsträgern gerne mit einem Charme betonte, bei dem man trockenen Staub aus seinem Mund erwartete. Flachs war früher in einer schlagenden Verbindung gewesen und hatte seit dieser Zeit einen Schmiss an der linken Wange seines hageren Gesichts. Seine Wangen waren immer ein bisschen zu auffällig eingefallen, das Haar dunkelgrau, die Augäpfel lagen tief. Generell wirkte er hager und verzagt. Reitmayr glaubte, Flachs´ Leben hätte sich wohl schon immer mehr hinter seiner Stirn als im realen Leben abgespielt. Wie solche Männer überhaupt zu Frauen kamen und diese hielten, hatte er sich schon immer gefragt.

Da fiel ihm ein, wie viele Ehen nur auf einem Wertekonstrukt, dem Vorspiegeln einer intakten Ehe, basierten. Es waren, und sind bis heute, Kuhhändel. Sie dienten nicht dem inneren Ankommen, sondern dem passgenauen Einfügen in das gesellschaftliche Wertesystem. Denn es war kein Zufall, dass auf den Webseiten in den Anwaltsbiografien der Familienstatus samt Anzahl der (natürlich glücklichen) Kinder angegeben wurde. Nein, die potenziellen Mandanten sollten sich in ihren Anwälten menschlich wiedererkennen. Und da viele selbst ein Trugspiel vollführten, war die oberflächliche Ebene geklärt. Fast wie geteiltes Leid: »Ach, du auch zwei Gören und eine geldgierige Ehefrau?« Aber das sprach natürlich niemand aus.

Für Reitmayr war das oft das Faszinierendste. Es gab so viele Alltagslügen, und keiner wagte es, sie anzusprechen. Und wenn, dann nur im Vollsuff. Auf der Weihnachtsfeier zum Beispiel. Dort enthemmte sich so vieles, dass es Reitmayr erst dort bewusst wurde, in welch fixen Bahnen sich ihrer aller Leben zwischen Eigentumswohnung, Fernreise und Eckbüro bewegte.

Der zweite Gründungspartner, Simon Delk, war ein Lebemann. Aber nicht im Sonnyboy-Modus mit Surfbrett. Eher in der Rubensform. Den Genuss von teurem Rotwein und Zigarren, die auf schweres Essen folgten, sah man Delk an. Und was Maßschneider alles imstande waren zu kaschieren, auch. Denn trotz aller Hingabe an die leiblichen Genüsse, war Delk der ästhetischen Konturierung seines voluminösen Körpers zugetan. Bei ihm war es der berufliche Erfolg gewesen, der ihn beim begehrten Geschlecht eine Existenz hatte erlangen lassen. Denn mitnichten schauten Frauen nur auf den Körper. Sicher, in ihren orientierenden Zwanzigern vielleicht, durchaus. Aber dann wird ihnen nach dem fünfundzwanzigsten Geburtstag schnell klar, dass man mit einem optisch nur auf sich selbst fixierten Sportler die Eigentumswohnung nicht realisieren kann. Und überhaupt schätzten die Frauen der Kollegen, die Reitmayr umgaben, vor allem eins: Stabilität. Aber mit Niveau.

Alle gingen ihrer Wege, nur genug Geld musste da sein. Das war ein stillschweigender Konsens zwischen den Ehepartnern. Sex war bei den meisten nach den Kindern eh passé. Und entweder suchte sich die Frau Hobbys, um den Sexualtrieb abzureagieren, oder, und das wusste Reitmayr ganz genau, sie ließ sich vom Fitnesstrainer beglücken. Aber den meisten Ehemännern war das sowieso völlig egal. Hatten sie doch an ihrer Frau den Gefallen verloren, und so passte es, dass sich die neue Praktikantin mit den festen Brüsten gerne mal in der innenstädtischen Zweitwohnung bei diversen

»Besprechungen« durchfeuern ließ. (Einer seiner geachteten Kollegen kam mal mit Flecken auf der Hose zum Partnermeeting. Reitmayr musste ein lautes Lachen unterdrücken und gab dem sichtlich verwunderten Kollegen den Rat, die Hose schleunigst in die Reinigung zu bringen.)

Die jungen Damen taten das wiederum auch nicht aus Mildtätigkeit. Sie wussten um die Gunst ihrer frühen Stunde. Nichts ist vergänglicher als der Vorteil jugendlicher Schönheit, dachte Reitmayr. Eine anerkannte Schauspielerin soll einmal gesagt haben, sie hätte genau gemerkt, ab wann die männlichen Kollegen sie nicht mehr als begehrtes Lustobjekt, sondern als alte Frau wahrnahmen. Das hatte wohl sehr wehgetan.

Also galt es für die jungen Damen, die Pfründe ins Trockene zu bringen – oder irgendwann regelrecht um sie zu zanken. Dies war umso dringender zu erledigen, je geringer die eigene Ausbildungsperspektive war. Reitmayr kannte eine minderbegabte Assistentin, die es gleich mit sechs Partnern verschiedener Kanzleien getrieben hatte. Leider war sie immer aus der engeren Auswahl herausgefallen und vom Schreibtisch geschoben worden. Jetzt stand sie oft in der Raucherecke und wippte nervös mit dem Fuß. Die Uhr tickte. Es war wie das Spiel »Reise nach Jerusalem« – die freien Stühle wurden immer knapper. Reitmayr war immer wieder verwundert, wie viele seiner Kollegen eine Zweitwohnung für ihr Zweitleben besaßen, die sie dann sogar noch als »Büroraum« von der Steuer absetzten. Die

Ehefrauen waren natürlich ahnungslos. Diese hatten sie gewohnheitsmäßig in einem schmucken Eigenheim in Eschborn, einem gesichtslosen Örtchen im Vordertaunus, geparkt. Dort hegten und harkten die Frauen dann den Garten und waren, wenn der Gatte spätabends nach Hause kam, schon immer sehr müde.

Wenn Reitmayr an Flachs und Delk in Kombination dachte, musste er immer wieder den Kopf schütteln. So respektabel er auch die Leistung der beiden Gründungspartner fand, irgendwann gab es den Punkt, an dem sie nur noch skurril und altbacken wirkten. Gänzlich aus der Zeit gefallen. Sie leiden an dem point-of-no-return des Fortgangs der Dinge. Auch wenn die Firma, ihr Baby, weiterhin besteht, so verweht sich doch ihre Rolle wie eine schuppende Haut. Sie werden immer schwächer. Sowohl im Einfluss im Unternehmen als auch in ihrer physischen Präsenz und psychischen Konstitution.

Er hörte ein lautes, weibliches Räuspern im Telefonhörer.

»Sind Sie noch dran, Herr Doktor Reitmayr?«

»Bitte?«

»Neuhaus, Ihr Vorzimmeruniversum ist noch dran, Herr Doktor!«, flötete sie provokant.

»Lassen Sie den Doktor bitte weg«, sagte Reitmayr etwas zu wirsch, um gleich anzufügen »Entschuldigen Sie, aber Sie wissen …«

Weiter kam er nicht, Frau Neuhaus unterbrach ihn, was ihn früher zum Rasen gebracht hätte.

»Jaja, ist in Ordnung, Herr Doktor. Nochmal zu dieser Übernahme: Wie weit sind Sie da inzwischen? Und – kann ich Herrn Burchardt etwas mitteilen?«

»Ich melde mich bei ihm.«

»So wie immer?«

Reitmayr reizte ihre selbstgefällige Art, wenngleich sie ihn bereits nach wenigen Wochen durchschaut hatte. Bei Burchardt meldete er sich immer nur im allerletzten Moment.

»Und wollen Sie die Akten nochmal zur Beurteilung sehen?«

Reitmayr hatte keine Ahnung, er war zu tief in seinen Gedanken, also sagte er einfach ja. Mehr wollte Frau Neuhaus auch nicht wissen und legte grußlos auf.

Er fühlte sich matt und ließ sich wieder in seinen *Eames-Lounge-Chair* mit passendem Ottoman fallen. Die meisten Kollegen kauften sich von ihrem ersten Geld die obligate *Rolex*, diejenigen, die wirklich Geschmack hatten, wenigstens eine *IWC*. Aber Reitmayr hatte kein Interesse am Fortgang der Zeit. Wenn das schon nicht zu verhindern war, dann wollte er dabei wenigstens gut sitzen. Da konnten die Geizigen sagen, was sie wollten, aber dieser Sessel mit seinem Fußteil war nicht nur ein Designklassiker aufgrund seiner Form, sondern auch, weil man sich darin wie von Gottes Hand getragen fühlte. Das schwarze Leder, das sich an ihn schmiegte und ihn nie frieren ließ. Die Einfassungen aus fein gemasertem Palisanderholz, über das er mit seiner Hand strich. Knapp zehntausend Euro hatte er für den Stuhl ausgegeben. Aber bei wenigen Sachen war er sich so sicher gewesen, die richtige Investition getätigt zu haben, wie bei diesem Sessel. Er würde ihn für sein ganzes Leben haben, sagte ihm der Verkäufer im Münchner *Vitra-Store* voraus. Der Mann hatte recht, dachte Reitmayr. Bei dem Argument hatte er auch an die Uhrenmarke *Patek Philippe* denken müssen, die damit warb, man kaufe diese sündhaft teuren Uhren nie nur für sich allein, sondern schon für die nächste Generation. Aber Zeit war ihm unangenehm, da sollte sie nicht auch noch teuer sein.

Einmal die Woche nahm er den Fahrstuhl und verließ heimlich das Büro. Er bog dreimal links ab und stand vor dem Laden von Frau Suk. Sie machte keine Termine, man konnte einfach so vorbeikommen. Am liebsten gab Reitmayr wenig Geld für solche Sachen aus. Daher kam ihm die mittägliche Happy Hour (es hieß wirklich so!) grade recht. Er bezahlte passend, und immer, wenn er Frau Suks dezent verhangenen Laden verließ, ging er auf seinen sündhaft teuren Schuhen von *John Lobb* ziemlich beschwingt den Gehweg entlang. Frau Suk hatte das Talent, mit unaufdringlicher Direktheit auf ihn einzugehen, sie gab ihm einen Schliff, den er in anderen Läden nicht bekommen hätte. Ihr liebstes Werkzeug für das beste Ergebnis war dabei eine Nagelpfeile, mit der sie bogenartig und flink über Reitmayrs Nägel schoss. Keinem erzählte Reitmayr von diesen Terminen, die ihm über die Zeit sehr wichtig geworden waren. Ja, er zelebrierte sie sogar. Er nahm vorher noch einen ruhigen Cappuccino, den er sich in seinem Büro selber kredenzte. Die Kaffeeindustrie hatte begriffen, dass man mit sogenannten Kaffeespezialitäten auch im Büro punkten musste, aber da die wirklich guten Varianten eben Handarbeit und Können erforderten, hatte sich die Industrie einiges einfallen lassen, um optische Placebos möglich zu machen, die einem bis zum ersten Schluck vorgaukelten, lecker zu sein. Reitmayr aber konnte diesen Industriemist nicht trinken, er widerte ihn an. Daher beschaffte er sich eine Siebträgermaschine mit einem elektrischen Mahlwerk, und so wurde ein Teil seines Büros zur Barista-Ecke. Es hatte etwas gedauert, bis er den Kollegen auf diplomatische Weise vermittelt hatte, dass sein Zimmer nicht die neue Teeküche war.

Jetzt war das aber eh passé. Er hatte sein Partnerbüro auf einem Stockwerk mit nur drei weiteren Partnern und einigen Senior Associates. Die meisten davon waren auf Reisen oder überzeugte Teetrinker. Reitmayr hatte also seine Ruhe, wenn er sich den Kaffee mit fast mönchischer Ruhe kredenzte. Nur Frau Neuhaus musste er noch beibringen, dass er nicht ihr Barista war; wie so vieles mehr. Sie saß, wie alle anderen Assistentinnen, auf der inneren Fläche der Etage. Tageslicht bekam man dort nur durch die teilverglasten Zwischenwände der Büros. Wenn die Büronutzer aber die Jalousien der Zwischenwände herunterließen, waren die innen malochenden Damen und Herren in einem fensterlosen Käfig der Erwerbsarbeit gefangen.

Kaffee war für Reitmayr in der Jugend ein Graus gewesen. Er konnte nicht verstehen, wie man dieses bittere Gebräu zu sich nehmen konnte. Aber im Laufe des Studiums war es erst zwingende Notwendigkeit, um das Lernen trotz kurzer Schlafzeiten durchzustehen, und dann wurde irgendwann aus Notwendigkeit Genuss. Denn wenn schon Kaffee trinken, dann in bester Veredelungsform. Das schien selbst Reitmayr in seinem situativen Geiz komplett logisch.

An das morgendliche Aufstehen in seinem normierten Beruf hatte er sich nur deshalb gewöhnen können, weil der Kaffee am Morgen ihm half, mit der Arbeit zurande zu kommen. Aber da er morgens immer aufwachte und sich wie eine festbetonierte Gehwegplatte fühlte, hatte er sich ein Ritual zurechtgelegt, das bei seinen Bettbekanntschaften regelmäßig zur Erheiterung beitrug. Denn so viel diese Frauen auch in der Welt umherreisten und darüber auf *Instagram* wie ein Maschinengewehr posteten, desto weniger erlebten sie im realen zwischenmenschlichen Austausch, da Abweichungen von der Norm für sie einer Ausgrenzung gleichkamen. Ausgegrenzt werden, das wollten sie aber um gar keinen Preis. Reitmayr verstand das, immer selbst auch an der Grenze zum Ausgeschlossensein lebend. Er bewunderte auf eine morbide Weise die Menschen, die sich in Gruppen integrierten und sich darin aufzulösen schienen; wie Zucker in einem Kaffee. Und das Ganze wurde dann ein süßer Fluss des Lebens, angeblich.

Die Abweichung in Reitmayrs Schlafzimmer stand auf

seinem Nachttisch. Gleich über der Schublade mit *Kleenex* und Kondomen aus der Vorratspackung. Eine Kaffeemaschine zierte den Nachttisch. Jeden Morgen griff Reitmayr – natürlich mit seiner linken Hand – nach der *Nespresso*-Maschine und steckte, ohne hinzuschauen, eine orangefarbene Kapsel hinein und drückte auf *Lungo*. Damit er sich nicht mit dem Einschalter beschäftigen musste, hatte die Maschine eine Zeitschaltuhr. Dann lief das schwarzbraune Gold aus dem Auslassventil in seine kleine, henkellose Tasse. Fast hätte er sich auch ins Schlafzimmer eine Siebträgermaschine gestellt, musste dann aber einsehen, dass sich das in seinem tiefen Halbschlaf auch mit links nicht sicher realisieren ließ. So blieb die silberne Maschine mit Druckmanometer in der Küche auf der Kochinsel, und im Schlafzimmer beließ er es bei der Kapsellösung.

Reitmayr arbeitete sich mit einem Ruck aus seinem Sessel und schlich zur Kaffeemaschine in der Ecke neben seiner Tür. Er ließ das Keramikmahlwerk laufen, und frisches Pulver fiel in den Siebträger. Das Surren beruhigte ihn. Er presste das frisch duftende Kaffeepulver zärtlich mit dem schweren Gewicht in die Form und setzte den Träger mit einem horizontalen Rechtsruck unter den Maschinenkopf.

Espresso, dachte er, und beließ die Milch in dem kleinen Kühlschrank mit der Glastür, der links neben der Maschine auf der Anrichte stand. Hier lagerte immer frische Milch aus der Kleinmarkthalle. Das kochend heiße Wasser wurde mit x-bar (Reitmayr las das Manometer nie ab, bewunderte es aber immer wieder) durch das Kaffeepulver gepresst und tröpfelte angenehm zügig in seine Tasse. Er sah, wie die Crema sich in der vorgewärmten Tasse bildete. Wie die Leute es nur fertigbrachten, Espresso aus kalten Tassen mit einer läppischen, viel zu dünnen Wandstärke zu trinken? Igitt, dachte er. Er stellte sich an die Fensterscheibe, drückte die Stirn an das zentimeterdicke Glas und blickte auf den fließenden Verkehr hinunter. Alles ging immer weiter, konnte er noch denken, als Frau Neuhaus nach einem Hauch von Anklopfen in den Raum stürzte.

»Chef!«, dramatisierte sie. Wie sie nur immer wusste, welche Anreden er auf keinen Fall hören wollte. Und sie dann doch immer wieder benutzte.

»Sie sollen doch…«, hob er an.

»Ja, ja, ich weiß, Herr Doktor!«

»Ok«, sagte er matt, »schießen Sie einfach los.«

»Buchardt!«, kreischte sie fast.

»Unser Mandant, ja und?«, konnte er sich nicht ohne Ironie abringen.

»Ja, er hat angerufen, ziemlich erregt.«

»Ja, wie immer, und?«

»Er will sofort einen Rückruf und Sie sollen sich auf was gefasst machen. Soll ich Ihnen ausrichten.«

»Jaja, ich rufe ihn an. Und Sie schreiben mir eine kurze E-Mail als Telefonnotiz, ja?«

»Ja, sehr wohl, mach ich«, sagte sie und verbeugte sich etwas spöttisch.

Als er wegen der Verbeugung gerade die Augenbrauen hochzog, legte sie nach.

»Und übrigens, Chef, es ist *Ihr* Mandant, nicht meiner.«

Bevor er reagieren konnte, zog sie die Tür auch schon wieder von außen zu. Reitmayr schüttelte den Kopf. Diese Nasenringfraktion. Dann fixierte er die Berge in der Ferne.

Man konnte sich nicht aller Insignien erwehren. Auch wenn Reitmayr ohne »Reichenwecker« rumlief und nur preissensible Manschettenknöpfe seine Umschlagmanschetten schmückten. Bei der Fortbewegung hatte ihn dann doch ein Juristenreflex gepackt. Lange fuhr er seinen ersten Wagen weiter, den er sich ein paar Monate nach seiner Anstellung bei *Flachs & Delk* gekauft hatte. Seine Kreditwürdigkeit war da wieder aus dem Bereich der tausend Schattierungen Rot heraus. Er wusste, seine Eltern hätten ihm auch mit ihrem letzten Geld geholfen. Aber das hatte er partout nicht gewollt, und so waren der Dispokredit und Schwarzarbeit sein Mittel gewesen, über die Runden zu kommen. Meistens ganz knapp.

Ein fast neuer *Audi TT* in Schwarz war es, den er als passendes Gefährt für sich erkor und auf dessen Beifahrersitz eine Unzahl von Damen Platz genommen hatte. Sie hatten die Sitzheizung geschätzt, das Raunen des Motors giggelnd gelobt und freuten sich auf das, was in der Wohnung wie nach einem festgelegten Drehbuch folgen würde. Das *Pflücken*, wie Seydler es nannte.

Reitmayr kannte Seydler noch aus Studientagen. Er arbeitete in einer anderen Großkanzlei und war vom Stamme der spröden Juristen mit frühem Haarausfall. Das Spröde war bei ihm aber gepaart mit einer Form angenehmer Herzlichkeit. Ja, vielleicht war Seydler sogar sein einziger Freund. Seydler, der bei Frauen nicht so wirklich den Schlag hatte, den er gerne gehabt hätte, konnte es nicht lassen, Reitmayrs «Eskapaden» (wie Seydler es nannte) mit spitzen Bemerkungen zu garnieren. Aber, das musste Reitmayr zugeben, er traf es oft auf den Punkt. Und Seydler wusste, was er sagen durfte und was nicht.

Das unterschied ihn eigentlich von allen anderen. Reitmayr wusste noch genau, wie sie sich damals kennengelernt hatten. Auf einer dieser elenden Studentenpartys, die hinterher alle mit dem »Weißt du noch…? Geilste Party ever!«-Etikett versahen. Für ihn war das aber nichts als rückwärtsgewandte Verklärung, eine Art deutliche Nostalgie. Er war arm, das *Bafög*-Geld schon Anfang des Monats immer weg. Sein Zimmer in einer Trabantenstadt östlich von Frankfurt lag im Erdgeschoss, Fußkälte inbegriffen. Zig Erkältungen und traurige Gedanken in dieser völlig verschatteten Bude. Jeden Tag pendelte er mit der S-Bahn auf den Campus. Was daran romantisch gewesen sein soll, fragte er sich immer wieder. Für ihn war diese Zeit nur eine Phase des Müssens und Sollens. Was hätte er auch sonst tun können? Und aufgrund dieser alternativlosen Situation war es ihm auch leicht von der Hand gegangen, das Studieren. Er hatte einfach keine

Erwartungen an das Studieren als solches geknüpft. Es war da, so wie er einfach da war in dieser Welt. Es ging ihm leicht von der Hand. Mit links. Alles machte er tatsächlich mit links, nicht nur nebenbei, sondern nach Möglichkeit mit der linken Hand. Manche Linkshänder hatten eine Aufteilung, was sie mit links oder mit rechts machten. Und Reitmayr war immer schon Linkshänder gewesen. Er hatte gelernt, mit geübter Armhaltung über seine bereits geschriebenen Buchstaben hinaus weiterzuschreiben, ohne die Tinte zu verwischen. Seine leicht nach hinten gekippte Handschrift war lesbar, aber sie war eben auch eine erkennbare Linkshänderschrift. Ein wenig ärgerte ihn das. Warum, konnte er nicht genau sagen. Aber es nützte ja nichts: Mit rechts bekam er einfach nichts Gescheites hin. Weder eine Unterschrift noch Kritzeleien und auch kein Loch in die Wand gebohrt. Da man weder in seinem Elternhaus noch in der Schule davon Notiz nahm und auch grade keine Umgewöhnungsphase en vogue war, blieb es so, wie es war.

Seydler hatte mit einem Mal einfach vor ihm gestanden. Damals schon mit Geheimratsecken, wie Reitmayr sie auch für sich immer fürchtete, aber nie bekam. Seydler trug bereits damals Siegelring.

»Hey, ich bin Seydler!«, hatte der ihn angehauen. Seydler suchte Anschluss. Reitmayr war es egal, war er doch schon im Begriff zu gehen. Aber der nette Zug um Seydlers Augen und die Aussicht auf Fußkälte bei sich zu Hause ließen ihn bleiben.

»Wie heißt´n du eigentlich mit Vornamen?« fragte er ihn, nachdem er sich selber vorgestellt hatte.

»Sag´ einfach Seydler zu mir, das passt.«

»Ja, aber fürs Protokoll – «

»Wir sind nicht vor Gericht. Noch nicht!«, entgegnete Seydler grinsend, als hätte er diesen Gesprächsverlauf schon häufiger erlebt.

»Auch´n Sekko?« fragte Seydler.

Er hatte wirklich *Sekko* gesagt, was Reitmayr erst irritiert hatte und dann doch für Seydler einnahm. Denn alle anderen tranken, wenn sie sich trafen, immer auf diese eklig-verschwitzte Art Bier, als wäre es der höchste Genuss auf Erden.

Reitmayr bejahte. Nach zwei Sekt und dem gegenseitigen Leidvergleich bezüglich des Studiums wurde Seydler dann doch noch weich. Aber Reitmayr hatte seine Frage nach dem Vornamen schon ganz vergessen.

»Du darfst nicht lachen, schwöre es!«

»Ja, ok, aber – na gut.«

»Das ist jetzt eine Bewährungsprobe.«

Reitmayr nickte, leicht angeschwipst.

»Balthasar.«

»Und wie lautet denn nun…?«

»Das ist…«

»Wie, du meinst…?«

»Ja, wie einer der Heiligen Drei Könige. Dabei bin ich nicht mal am sechsten Januar geboren. Meine Eltern wollten ein gutes Zeichen setzen. Nun ja, zumindest ein lebensbegleitendes ist es geworden.«

»Danke für dein Vertrauen, Seydler!«

Sie prosteten einander zu und standen am offenen Küchenfenster, durch das der Qualm der Zigaretten nach draußen abzog. Reitmayr hatte nicht gelacht.

Ihre Treffen fanden nach einem immer wiederkehrenden Muster statt. Meistens holte Reitmayr seinen Freund Seydler bei dessen Kanzlei auf der Bockenheimer Landstraße ab. Dazu musste er mit seinem Wagen nur aus der Tiefgarage seiner Kanzlei rollen, dann die Neue Mainzer Straße hinunter und unten durch die Hochhausschluchten fahren. Dann am Taunusturm scharf links, an den *Deutsche-Bank*-Türmen wieder scharf rechts und an der Alten Oper scharf links. Mitten durch den kapitalistischen Geldadel.

Leider hatte Seydler nicht so viel Glück mit der Partnerschaft wie Reitmayr. Lange hielt man ihn hin, vertröstete ihn. Bei Seydler siegte die Bequemlichkeit über das Streben. Er *counselte*, stieg also aus dem üblichen *Partnertrack* aus. Das Thema Partnerschaft wurde von ihnen beiden meist gekonnt ausgeklammert. Als Reitmayr Partner wurde, hielten sie das Thema, dass Seydler kein Partner würde, auf der Feier klein. Und gingen danach lieber in einen FKK-Club. Da waren dann alle nackt – ob Partner oder nicht.

Seydler hatte keinen Stellplatz in seiner Kanzlei *Keller, Scharr & Möller*. Stattdessen ging er von seiner Altbauwohnung im Westend zu Fuß ins Büro. Denn dort bekamen nur die acht Partner einen Parkplatz. Der Platz war sehr limitiert, da mussten alle Opfer bringen. Die Kanzlei hatte sich einen schmucken Altbau gekauft, für Unsummen entkernt und hintendran das eigentliche (und völlig nichtssagende) Bürogebäude geflanscht. Es erinnerte Reitmayr immer wieder an diese Saloons in Westernfilmen. Nur die Fassade war echt, dahinter kam Pappmaché.

Bei Seydler war die Einfahrt zum Eingangsbereich durch schwere schwarze Poller abgesperrt. Man klingelte und einer der voluminösen Poller fuhr rot-blinkend nach unten, versank komplett in den Asphalt. Die Empfangsdame kannte Reitmayr schon und drückte immer sofort den Knopf, wenn er läutete. Er fuhr in enger Kurve direkt vor die Treppe des über Jahrzehnte dunkel gewordenen Hauses, das wie ein amerikanisches Gerichtsgebäude aussah. Fehlte nur noch Tom Clancy. Seydler kam die große Treppe heruntergerannt, nahm immer zwei Stufen auf einmal und sprang zu ihm auf den Beifahrersitz. In seiner typischen Art hatte Seydler auch für Reitmayrs Auto einen Begriff geprägt. Für ihn war Reitmayers Beifahrerseite der »Schleudersitz«. Auch die Damen nahmen Platz und wurden aber nach kurzer Zeit wieder hinauskatapultiert. Vielleicht wollte er damit auch unterschwellig bedeuten, dass er sich freute, in den mittlerweile über zehn Jahren ihrer Freundschaft immer noch auf diesem Platz sitzen zu dürfen.

»Und, wo wollen wir hin?«, fragte Seydler und meinte es eher rhetorisch.

»Da, wo wir hingehören«, lachte Reitmayr und fuhr

fast etwas zu sportlich auf den sich wieder versenkenden Poller zu. Er musste an Möller, den dritten Namenspartner von *Keller, Scharr & Möller*, denken.

Möller stand nicht nur an dritter Stelle im Firmennamen, er war selbst in der ersten Reihe der Letzte. Es war ein unausgesprochenes Kommittent, dass er für die ganze »echte« Arbeit zuständig war. Während also Keller und Scharr die Prestigefälle händelten und dafür beim Branchendienst *Juve* akklamiert wurden, musste sich Möller mit den ungeliebten Themen Recruitment, Onboarding und Exit beschäftigen. Auf Deutsch und profan: Auf Messen und im Internet mit den Personalabteilungen um Bewerber buhlen. Ihnen Honig um den Bart schmieren, ihnen das Blaue vom Himmel versprechen. Sobald die Rekrutierten dann unterschrieben und ihr Leben an die Kanzlei verkauft hatten, galt es, sie »einzunorden«, wie das innerhalb der Kanzlei hieß. Denn mitnichten war ein Anwalt mit der Zulassung schon ein arbeitsfähiges Wesen. Er musste auf die Eigenheiten der Kanzlei eintrainiert werden, sein Murren musste klein bleiben und seine Leistung extrem konstant sein. Die Maschine brauchte ständig neue Leute. Allen wurde mit der Partnerwurst vor der Nase gewedelt. Der Gedanke dahinter: dann habe man es geschafft, kümmere sich nur noch um Mandantenpflege und habe sonst eher die *Porsche*-Inspektion auf dem Schirm. Das war natürlich blanke Illusion. Das Hamsterrad hörte nie auf. Erst machte man die Neuen heiß, fixte sie geradezu an, und dann kam der Point-of-no-return: Sie hatten sich so an die Erfüllung ihrer Ansprüche gewöhnt, dass ein Entkommen nicht mehr möglich war. Wie ein Insekt im Spinnennetz hingen sie in den Verpflichtungen aus Ehefrau, Kindern, Schulgeld, Reisen, allen möglichen nötigen und unnötigen Versicherungen und der Wohnung, deren Hypothek nicht abzuschwellen schien. Es hörte nie auf. Nie.

Ach, doch, dachte Reitmayr. Man sprach zwar selten über sie, aber irgendwie waren sie dann doch in die Kategorie der *Minderleister* gefallen. Entweder fielen sie einfach tot um (vorzugsweise beim Golf), auf der blutjungen Geliebten (ziemlich cool, aber nichts für die Familie) oder auf ihrem aktuellen Fall (grandios!).

Oder sie brachten sich um. Wie Thaddäus Born. Nachdem seine Frau sich von ihm getrennt hatte (lange Abende alleine im freistehenden Haus im Taunus, Zweitwohnungsverdacht), die Kinder sich abwendeten (»Du warst nie für uns da!«), fuhr er nach dem Partnermeeting in sein leerstehendes Penthouse am Cityring. Er duschte, parfümierte sich, drapierte die Abschiedsbriefe in gefütterte Kuverts und griff zum Kletterseil. Sein philippinisches Hausmädchen, das ihm nicht nur die Wohnung gesaugt hatte, fand ihn am nächsten Morgen über der Sitzlandschaft im Wohnzimmer hängen.

Der Abgang von Born war so still und leise passiert wie die meisten Affären auf den Fluren der Kanzleien. Eine Trauerfeier, an die Reitmayr nicht gern zurückdachte. Alles hatte so gewirkt, als hätten die Kollegen ihn nur ja schnell unter die Erde bekommen wollen. Eine »Zweitwohnungsentdeckungspanik« hatte um sich gegriffen.

Und das hatte den Tod des Kollegen in die zweite Reihe verdrängt.

»Frederic? Hallo? Noch da?« Seydler schlug ihm auf die Schulter. »Was ist los, an was denkst du?«

»Nichts«, entgegnete Reitmayr. Nach kurzer Fahrt fuhren sie in die Tiefgarage des Goetheplatzes ein. Ein Irrsinn, dachte Reitmayr, dass die Ausfahrt im dritten Untergeschoss gelegen war. Aber so rollte er immer gleich hinunter ins U-drei, dorthin verirrten sich die wenigsten, und er konnte sich einen freien Mittelparkplatz sichern. Aussteigen zu beiden Seiten, das war ihm wichtig.

»Parken wir mal wieder auf einer Außenposition des Flughafens?«, fragte Seydler spöttisch. Er wusste nur zu genau um Reitmayrs Parkverhalten. Wenn alle vorn sein wollten, suchte sein Freund nach dem angenehmen Hinten. Beinfreiheit in jedem denkbaren Sinne, so kannte er ihn. Und das war vielleicht das unsichtbare Band zwischen ihnen.

Der Aufzug war gläsern, und wie immer lag ein Hauch von Urin in der Luft. »Wenn der mal nicht nach Pisse stinkt, würde ich es direkt vermissen«, sagte Reitmayr, als sie die Aufzugkabine betraten, die sogleich bekanntgab: »Achtung, Tür schließt.« Seydler nickte und sagte zum Aufzug: »Danke!«

»Ich nicht«, sagte Seydler unvermittelt, während der Aufzug ächzend nach oben wackelte.

»Was?«

»Na, den Urin. Ich hasse diese ständige Erinnerung daran, dass alles, was reingeht, auf unappetitliche Weise auch wieder raus muss.«

Reitmayr zog eine Augenbraue hoch. Fahrstuhlphilosophie übers Urinieren. Seydler hatte eindeutig Hunger.

Als sie die Tür des Restaurants aufstießen, kam ihnen trockene Heizungsluft entgegen. Das Betreten dieses Lokals war immer eine kleine Herausforderung. Entweder wurde man vom purpurnen Vorhang am Eingang eingewickelt oder man übersah die Stufe, die direkt nach dem Vorhang kam. Anfängern passierte gerne beides.

Auch Reitmayr war vor über zehn Jahren, als er das erste Mal das Restaurant aufsuchte, hineingestolpert und konnte sich grade noch rechtzeitig abfangen. Sein damaliger Professor für Wirtschaftsrecht hatte ihn zum *Lunch* gebeten. Weder war er mit dem Wort *Lunch* für ein normales Mittagessen kommod, noch kannte er dieses bekannt-unbekannte Szene-Lokal mitten in der Frankfurter Innenstadt. Es lag versteckt hinter der Hauptwache im Erdgeschoss eines grauen Versicherungsgebäudes. Die Küche bediente zweierlei Klientel: das Lokal und die Kantine des Versicherers. Und auch wenn Reitmayr nie auf der anderen Seite, in der Kantine, gewesen war, beglückwünschte er die Mitarbeiter, die dort speisten, zu ihrer kulinarischen Verwöhnung. Denn selbst wenn sie nur die Reste aus der Küche bekämen, wäre das allemal besser als das, was er in der Kantine des Landgerichts als Mittagessen aufgetischt bekam.

Die *Trattoria Fratelli* hatte das Format eines großen Schuhkartons, immer mit Zweiertischen, die bei Bedarf zusammengeschoben wurden. Aber hier wollte man in der Regel à deux bleiben. Mittags mit dem Geschäftspartner, abends mit einer Frau. An den Wänden waren griechische Fresken montiert, der Fußboden aus hellem Stein mit leichtem Muster, die Theke in Buchenoptik. Es hat nichts Italienisches, dachte sich Reitmayr damals, als er nur knapp dem Sturz entgangen war, und das klärte sich bald, als der Professor ihm erzählte, dass das Ganze von zwei griechischen Brüdern betrieben wurde.

Das Essen war leicht und mediterran, das rosa gebratene Rind in Streifen der Geheimtipp, sofern es denn auf der Tageskarte stand. Reitmayr kam diese schlichte Einfachheit sehr entgegen. Bei den Fratellis konnte man das Menü blind bestellen und wurde nicht enttäuscht. Außer bei Schnitzel, da biederten sie sich dem Geschmack der Massen an. Frittierte Frisbees mit Panade. Meistens gab es eine Terrine oder ein aufgeschäumtes Süppchen als Entrée, dann einen Fleischgang und später ein Dessert, das oft aus einer Creme mit saisonalen Früchten bestand.

Terrine, Trüffel, Tartufo. Alles sieben Siegel für Reitmayr, als er hier zum ersten Mal hereingeschneit war. In seiner dunklen Studentenbude gab es die typischen Ravioli aus der Dose. Weniger Klischee als schlichte Ahnungslosigkeit. Er hatte das Essen seiner Mutter immer in Ordnung gefunden. Nichts Besonderes. Kartoffeln,

Nudeln. Dazu Saucen und Fleischstücke, die eben waren, wie sie waren. Essengehen war bei ihnen die Ausnahme – und wenn, dann ohne Vor- und Nachspeise. Er hatte kein Gefühl dafür, ob ein Essen leicht oder schwer war; er kannte keine selbstgemachte Tomatensauce – und hatte sie daher auch nie vermisst. Erst anlässlich seines Besuchs bei den Fratellis, zu dem sein Professor ihn eingeladen hatte, merkte Reitmayr, dass ihm einiges an kulinarischem Horizont fehlte. Und so lernte er schnell, dass eine Terrine eben keine Suppe war, sondern eine Pastete. Dass Trüffelöl den Magen wie ein Stein beschweren konnte und Tartufo die Figur nachhaltig zu ruinieren vermochte.

»Auch ein *Pellegrino*?«, hatte der Professor ihn damals gefragt. Reitmayr hatte nicht gewusst, was »Pellegrino« war und sagte ja.

»Auch ein Viertel?«, hatte der Professor angeschlossen. »Aber seien Sie sich bewusst, dass man es bei uns in der Kanzlei nicht gerne sieht…« Reitmayr hatte den Kopf leicht schief gelegt, »… wenn sich die jungen Kollegen schon mittags Alkohol gönnen. Aber wenn Sie mit mir hier sitzen, ist das ein Arbeitsessen.« Auch dazu hatte er nichts zu sagen gewusst.

»Veltliner – mal wieder eine konträre Wahl zum Rind? Gern, Herr Professor!«, hatte der Kellner mit den schweren, schwarzen Locken gesagt, die er mit einem Gummiband im Nacken zu bändigen versuchte. Ein großer goldener Siegelring zierte den rechten Ringfinger. Auf dem eingefassten schwarzen Stein arabische Schriftzeichen, die Reitmayr dazu veranlasst hatten zu rätseln, was sie wohl bedeuteten. Fragen hätte er sich aber nicht getraut.

Der Kellner trug damals keine *Rolex*. Und, wie Reitmayr im Verlaufe seiner sich wiederholenden Besuche feststellte, auch keiner der anderen Angestellten. Reitmayr hatte mal in einem Magazin gelesen, dass eine *Rolex* für Kellner als Abstandshalter zu den durchgehend als reich vermuteten Gästen diente. Und als Aufmunterung, trotz ihrer dienenden Tätigkeit weiterzumachen. Dieses Restaurant war ein Kleinod der Ungewöhnlichkeit. Hier sprach niemand affektiertes Italienisch. Die Gäste wussten sich, trotz ihres Stereotyps, zu benehmen.

Der Weißwein war in das Glas des Professors geplätschert. Der hatte sein Glas schräg gehalten und hin und her gewendet, der Wein hatte seine Runden gedreht, zog Schlieren. Der Professor roch daran, fixierte einen unsichtbaren Punkt an der Wand hinter Reitmayrs Rücken und nickte dann gedankenverloren.

»Ja, den nehmen wir, Tero.«

Tero, so hieß der Kellner mit den schwarzen Locken, für die ein Shampookonzern gerne die Existenzverantwortung übernommen hätte. Reitmayr wartete darauf, wie es weiterging. Der Professor prostete ihm zu. Er tat es ihm gleich. Wenn du nicht weißt, wie du dich zu verhalten hast, kopiere die anderen, hatte ihm seine Mutter als Kind eingeschärft. Nun wusste er endlich, warum.

Der Professor hatte die Serviette genommen, schlug sie auf, drapierte sie auf seinem Schoß. Reitmayr tat es ihm gleich und nannte den Professor im Kopf, wie auch heute noch, immer nur Professor, obgleich der natürlich auch einen richtigen Namen hatte: Fiedler. Albrecht Fiedler. Klassische Juristenkarriere, doppelte Prädikatsexamina. Fiedler hatte die Namenspartnerschaft bei *Flachs & Delk* nur knapp verpasst. Mit einem doppelten Prädikat hätte ihm eigentlich der Weg ins Richteramt offengestanden, doch der für ihn zuständige Landgerichtspräsident hatte ihm abgeraten. Wieso, hatte er ihn damals gefragt. Er passe da nicht rein, das spüre er. Vierzig Jahre Verwaltungsdienst! Wollen Sie das? Also wirklich…

Da Fiedler gezögert hatte, ruderte das Schicksal ihn am Richteramt vorbei. Seine Studienkollegen Flachs und Delk waren bereits ein halbes Jahr niedergelassen. War es Bequemlichkeit oder Ambitionslosigkeit, dass er nicht auf Namenspartnerschaft bestanden hatte? So war er zwar der dritte starke Mann bei *Flachs & Delk*, aber eben auch nur die graue Eminenz. Die jungen Kollegen fürchteten ihn, die älteren konnten sich zwischen Mitleid und Respekt für seine Haltung nicht entscheiden. Er führte die organisatorischen Geschäfte, ohne die eine Kanzlei gar nicht erst Geld verdienen konnte. Man nannte die Abteilung *Internal Affairs*. Wobei Fiedler diese internationale Bezeichnung nicht mochte, weil es sich für ihn doch immer etwas zu sehr nach Saunaclub anhörte.

II

Fiedler war Reitmayr als Student in seinen Seminaren an der Goethe-Universität gleich aufgefallen. Er war anders als die Horden von Absolventen, die Jahr für Jahr wie auf einer Viehauktion eingekauft wurden. Waren es vor ein paar Jahren noch die Messen, auf denen sie um den Nachwuchs warben, traf man sich heute in hippen Szeneläden und duzte sich. Reitmayr hatte der Stallgeruch des gebürtigen Juristen gefehlt. Vielen Absolventen schien der Beruf schon in die Wiege gelegt – und durchaus nicht immer mit positivem Ergebnis. Sie durchliefen die Karriere wie einen choreografierten Hürdenlauf. Sie kamen an, waren adrett gekleidet, schienen brav und waren es selten. Sie trugen mittlerweile gestutzte Bärte und dünne Hornbrillen. Ihr Haar war korrekt gescheitelt und unauffällig gegelt. Ihre wichtigste Mission schien zu sein: nicht auffallen, mitschwimmen.

Wie Fiedler diese normierten Menschen insgeheim hasste! Er brauchte sie aber. Sie waren das Rückgrat aller Kanzleien. Man lockte sie mit sechsstelligen Jahreseinkommen (derzeit beachtliche einhundertvierundvierzigtausend Euro, wie *Juve* vermeldete), setzte sie sechzehn Stunden pro Tag an Projekte, bei denen viele Arbeitsschritte eine hirnlose Recherche waren. Man wedelte ihnen mit der Partnerschaft am langen Stock vor der Nase herum. Fiedler hatte zig Jahrgänge nach sich erlebt, die auf diese Weise in den Beruf einrotiert wurden. Einzelne zerbrachen, viele funktionierten, nur wenige brachten es wirklich zu etwas. Die Partnerschaft erreichten vielleicht zwanzig Prozent derer, die als *Junior Associates* in den anwaltlichen Kärrnerdienst eingetreten waren.

Reitmayrs Augen, dachte Fiedler. Seine Augen waren anders als die der meisten Absolventen. Reitmayr hatte das zweite Staatsexamen mit Prädikat geschafft, das erste nur mit befriedigend. Das war für die Liga, in der *Flachs & Delk* spielte, eigentlich schon zu schlecht. Denn es gab sie: die Juristen, die trotz Anwaltszulassung so schlecht waren, dass sie wie in mittelmäßigen amerikanischen Filmen in schlechtsitzenden Anzügen windigen Mandanten eine noch windigere Beratung angediehen.

Reitmayrs Mutter war Hausfrau gewesen, sein Vater im einfachen Verwaltungsdienst. Das war es, das Fiedler beim Betrachten von Reitmayrs CV hatte stutzig werden lassen. Die Zahl der Absolventen, die aus solchen Verhältnissen bei *Flachs & Delk* anfingen, lag bei null. Schon kurz nach Reitmayrs Einstellung hatte Fiedler ihn angesprochen und war mit ihm Essen gegangen. In der *Trattoria Fratelli*. Er wollte ihn vorerst nicht überfordern. Das hatte sich als richtige Entscheidung herausgestellt, denn obgleich sich Reitmayr gut gemacht hatte, sah Fiedler ihm seine Unsicherheit an. Reitmayr überspielte seine Unkenntnis gekonnt, indem er Fiedler die

Führung überließ. So bestellte Fiedler den Veltliner und die Terrine, gefolgt vom rosa gebratenen Rind. Reitmayr erschien Fiedler hungrig und zugleich gehemmt. Es war ihm anscheinend alles neu und fremd gewesen. Reitmayr hatte, wie sich im vorsichtigen Gespräch herausstellte, keinerlei kulturelle Erfahrung, war nie in der Welt herumgekommen. Hatte nur im Keller studiert, wie er mit einem gequälten Lächeln zum Besten gab.

Den jungen Mann, dachte Fiedler damals, müsse er fördern. Er hatte es nach Kräften getan, und nach einiger Zeit hatte Reitmayr »gezündet«. Er schien sich selbst gefunden zu haben, und seine Position in der Welt festigte sich zusehends. Als er dann zum Partner ernannt werden sollte, stimmte Fiedler im Partnergremium nicht nur ausdrücklich zu – nein, er freute sich bei dem Get-together auch ehrlich für seinen Schützling. Reitmayr selbst war ihm still dankbar. Dass Fiedler für Reitmayr eintrat, ihn an wichtigen Mandaten beteiligte, dankte dieser ihm nicht mit Worten, sondern mit Taten. Und das war Fiedler viel wichtiger. Mit Worten waren in ihrem Berufsstand schon viele Dramen erst entstanden. Da war ihm diese wortlose Beziehung viel wertvoller.

Es war aber auch Fiedler nicht entgangen, dass Reitmayr in letzter Zeit immer unglücklicher wirkte. Auch nach seinem Umzug in ein Penthouse am Main, dem *Audi TT* und allen Insignien, die auch Fiedler durchhatte, war ihm die »eine« Frau bisher nicht über den Weg gelaufen (sofern es diese denn überhaupt gab). Die jungen Leute hatten halt zu viel Auswahl, zu viele Möglichkeiten, dachte Fiedler. Seine Frau und er waren sich noch nach analoger Tradition zufällig über den Weg gelaufen.

Marianne hatte blondes, schweres Haar gehabt. Es war das Erste, das er damals auf dem Symposium von ihr wahrgenommen hatte. Ihr Haar schlug natürliche, ja selbstgefällige Wellen. Es bedurfte keines Arrangements. So wie sie war, wirkte sie umwerfend. Ihre weiße Bluse, der dunkelblaue Rock. Er sah es noch genau vor sich. Dann seine plötzliche Verzagtheit, als sie ihm vorgestellt wurde. Er würde lügen, wenn er behauptete, nicht sofort in sie verliebt gewesen zu sein. Aus diesem Verliebtsein wurde eine gefestigte Liebe, die Jahrzehnte hielt. Mit einigen Fehlern. Heute war er dankbar, dass er sich nicht unter so vielen Nieten hatte entscheiden müssen. Denn die jungen Leute, Fiedler fand sich nun alt genug, um sich diese Formulierung erlauben zu können, mussten sich erst durch das Dickicht der angeblichen »Auswahl« wühlen, und auf dem langen Weg zum passenden Partner verschieden einige emotional.

Eine seiner jüngeren Anwältinnen hatte er so an sich selbst zerbrechen sehen. Jana Riffler durchschnitt die juristischen Prüfungsanforderungen wie ein heißes Messer eine Torte. Sie sah objektiv gut aus, hatte Stil und ein gutes Elternhaus. Ihr kastanienbraunes Haar band sie zu einem dicken Zopf. Sie trug mittelblaue Kleider mit schmalen Gürteln. Ihre Ohren zierten Perlenohrringe, ihren Hals oft selbstgekaufte Ketten von den Juwelieren der Goethestraße. Sie war keine gute Partie. Sie war die beste.

Doch es musste irgendwann bei ihr eine starke Prägung gegeben haben, dass der Wunsch nach dem perfekten Leben sie so aus der Bahn warf.

Die junge Riffler wurde immer verbissener ihrer privaten Lebensplanung gegenüber. Es war ein Teufelskreis: Je mehr sie Mann und Kinder wollte, desto mehr rückte die Erfüllung dieses Wunsches in immer weitere Ferne. Mit Ende dreißig merkte sie, dass auch ihr optisches Kapital sie allmählich verließ. Fiedler wusste von einigen Affären, die sie in der Anfangsphase vermutlich als »vielversprechend« betrachtet haben dürfte. Aber alle hatten eins gemeinsam, nämlich dass sie nach kurzer Zeit scheiterten. Sie sei so einsam, sagte sie einmal, als er in ihrer Bürotür stand. Dabei war sie auf dem Weg zur anwaltlichen Partnerschaft. Als eine von immer noch viel zu wenigen Frauen. Vielen war dann doch die Familiengründung wichtiger, was die familienbewussten Anwärterinnen aus dem anwaltlichen Partnerschaftsroulette hinauskegelte. Aber Riffler hatte ernsthafte Chancen. Dennoch forderte Fiedler sie an dem Abend auf, auch mal Feierabend zu machen.

»Wofür denn, Professor Fiedler?«, hatte sie respektvoll gesagt. »Auf mich wartet doch niemand.« Als er später Richtung Ausgang ging, hörte er aus ihrem Büro leise ein Lied, das er mit seiner Frau oft angehört hatte. Die *Münchener Freiheit* sang »So lang man Träume noch leben kann«.

Sein Kollege Delk hatte ihn ein paar Tage später auf der Toilette angesprochen, ob er auch die Veränderung »der Riffler« bemerke. Fiedler verneinte. Man munkelte, sie trinke, es laufe ja bei ihr privat alles nicht so gut. Wisse man ja, und so weiter. Delk hatte seinen Schwanz unverfroren am Pissoir gewrungen, wie man ein Frotteehandtuch auswringt. Und dann schüttelte er ihn auch noch. Fiedler hatte mit einem kurzen Nicken die Toilette verlassen. Er begann sich zu sorgen. Wenn selbst Delk, der Lebemann der beiden Gründungspartner, sich wegen einer Kollegin und deren Alkoholgenusses Sorgen machte, war das bemerkenswert. War er doch selbst oft genug betrunken bei der Arbeit. Fiedlers Gedanken dazu waren aber langsamer als der Fortgang der Dinge.

Die Kriminalpolizei rief bei Fiedler an. Man hatte ihre Visitenkarten gefunden, aber nicht ihre Papiere. Und auch nicht das Gesicht zum Portrait auf der Website von *Flachs & Delk*. Es war auf der A8 passiert, Fahrtrichtung München. Regennasse Fahrbahn, böiger Wind. Ihr *911er* hatte in einer Kurve auf einer Bodenwelle den Grip verloren. Das Fahrzeug war von links nach rechts hin- und hergeschlittert und war dann unter der Leitplanke hindurchgeschossen. Der Kopf mit den ganzen dunklen Gedanken wurde ihr vom Körper gerissen. Die Obduktion hatte einen Wert von 1,8 Promille Blutalkohol ergeben.

Reitmayr hatte damals, kurz nach Rifflers Unfalltod, aus dem Fenster geblickt und seinen Tumbler mit der Hand kreisen lassen. Fiedler hatte ihn über den Unfall informiert. Jana und er hatten sich gestritten. Die Treffen, die man als »Aussprache« bezeichnete, verdienten ihren Namen meistens nicht. Nach einem Dutzend Vorwürfen, die sie sich gegenseitig an den Kopf geworfen hatten, hatte er zum rhetorischen Schmetterball ausgeholt: Sie werde nie einen Mann finden, der es mit ihr aushalte.

Um auf der Autobahn ins Schleudern zu geraten, dazu brauchte es nicht nur Pech, hatte Reitmayr gedacht.

Fiedlers Frau Marianne war auch Anwältin aus Überzeugung. Gewesen, setzte Fiedler in Gedanken noch hinzu. Nach kurzer, schwerer Krankheit war sie gestorben. So stand es zumindest in den Traueranzeigen. Wobei kurz eben nicht hieß, dass es weniger schlimm gewesen wäre. Das schienen die Menschen aber darunter zu verstehen, wenn sie sagten: Aber wenigstens ist es schnell gegangen. Die Zeit war in solchen Dingen ein hinterlistiges Konstrukt. Sie war gar nicht messbar.

Immer wenn Fiedler auf seine *Patek Philippe* schaute, wusste er, dass dieser dahingleitende Sekundenzeiger kein Garant für Gleichförmigkeit war. Denn so sehr sich die Zeit füllte, wenn man verliebt war, so sehr höhlte sie sich aus und wurde zäh, wenn sie wehtat. Er musste an Hansjörg Schneiders »Nachtbuch für Astrid« denken. Der Dramatiker hatte in klirrendem Schmerz den Verlust seiner Frau in Buchform gegossen. Dass Fiedlers Frau innerhalb von zwei Monaten gestorben war, hieß nicht, dass sie es kurz und praktisch schmerzlos erlebt hatte. Es war ein Kampf mit sehr vorhersehbarem Ausgang.

Doch die Schwelle zum Tod hatte seine Frau nur mit einem schmerzvollen, entwürdigenden Sprung geschafft. Manchmal hätte er sie gern mit einem Schubs auf die andere Seite befördert. Stattdessen musste er sie leiden sehen. Dieses Leiden war kein Laut, keine Aussage. Es war eine Aura, die sich wie ein kalter, zerzauster Mantel über alles legte, was ihr Sein ausmachte.

Das Schicksal schlug immer dann zu, wenn das Leben grade mal statisch war. Wenn die Querelen des Alltags umschifft oder erklommen waren. Und so brach sie einfach in der Küche zusammen, ohne Vorzeichen, ohne Schmerzen. Sie erlitt einen epileptischen Anfall, kam ins Krankenhaus. Sie sähen etwas auf den Bildern, hatten die Ärzte gesagt. Das hieße aber noch nichts. *Noch* nichts, raunte Fiedler damals leise vor sich hin, mehr zu sich selbst. Er behielt recht, aber wollte das außerhalb seines Berufes doch gar nicht. Nach einem Monat war klar, der Tumor, der so ganz ohne Beschwerden im Kopf seiner Frau gewachsen war, war inoperabel. Er würde trotz aller modernen Bestrahlungsverfahren immer wiederkommen. Er würde sie töten; es war eine infauste Ausgangslage, wie der Arzt sachlich mitteilte. Er würde ihr alles rauben, was ihr sechzigjähriges Bewusstsein ausgemacht hatte und ausmachte. Er würde sie auslöschen, bevor er ihren Geiste, ihren Stoffwechsel und dann ihren Kreislauf auslöschen würde.

Er verlor sie tagtäglich ein Stückchen mehr, schrittweise. Die Schritte wurden immer größer, die Ausfälle auch. Die Krampfanfälle wurden immer schlimmer, die Schmerzen auch. Sie vergaß mehr und mehr, wer sie und alle anderen um sie herum waren. Sie entglitt ihrem eigenen Netz des Wissens und sich selbst. Seit ihrem Tod fragte Fiedler sich oft nachts, wenn er allein im Doppelbett lag, was schlimmer war: so zu verenden oder dem Verenden beiwohnen zu müssen. Er war sich immer unsicherer geworden, ob Sterben wirklich die schlimmste Option war.

Die Kirche war kalt. Sie spielten *Ameno* und die choralen Töne schienen das Kirchenschiff in Wellen zu durchwabern. Nach der Feier sank der Sarg aus heller Buche gleichmäßig in das frisch ausgehobene Grab. Die ausgehobene Erde war neben dem Grab mit Kunstrasen überdeckt, als wollte man betonen, dass das Herablassen in die Erde doch nur eine kurze Geste sei. Man hätte gar nicht vor, hundert Kilo Erde auf den Sarg zu schütten. Hatte man natürlich doch. Fiedler schüttelte bitter den Kopf. Nach der Beerdigung war er erst allein über den Friedhof geirrt und hatte sich dann im Laden eines Kettenbäckers in einer Ecke versteckt. Er war nicht zum Leichenschmaus gegangen. Sein Handy war ausgeschaltet gewesen.

Albrecht Fiedler hatte die Arbeit schnell wieder aufgenommen. Seine Frau war sein Halt in einem Leben gewesen, das ihm nun nichts mehr bedeutete. Kinder hatten sie keine bekommen, es hatte nicht sollen sein. Was andere abtrieben, war ihnen trotz aller Versuche, für die sie keine Kosten und Mühen gescheut hatten, verwehrt geblieben. Dieser Stachel saß tief. Andere hatten Enkel, sie hatten nur sich. Da half ihm auch nicht, dass die Kinder seiner Partner Flachs und Delk Horrorexemplare juristischen Inzests geworden waren. Fiedler erschrak, wenn er sich innerlich so reden hörte, aber es stimmte leider. Zu viel Geld hatte Grässliches hervorgebracht.

III

»Zwei Espressi aufs Haus, die nehmen wir noch«, sagte Seydler bestimmt. Es fiel ihm außerhalb seiner gewohnten Pfade schwer, selbstbewusst aufzutreten. Und so pendelte er zwischen seinem Arbeitsplatz in der Kanzlei, seiner hellen Altbauwohnung im Westend, dem *Fratelli* und der *Mangold-Bar* hin und her. Für ihn war der Kontakt zu Reitmayr ein wichtiger geworden. Anfangs war es nur ein spontaner, leicht besoffener Gedanke gewesen, diesen Mann, der da ziemlich gelangweilt in der Partyküche rumhing, anzuquatschen. Was hatte er damals zu verlieren gehabt, außer weiterhin einsam zu bleiben? Vielleicht stimmte es, dass man in seinem persönlichen Umfeld für die Umsetzung wichtiger Vorhaben immer ein Zugpferd benötigte. Bei ihm war das auf jeden Fall und glasklar immer Reitmayr gewesen. Obwohl Reitmayr aus einfachen Verhältnissen stammte, hatte er sich, wie es aussah, ohne größere Anstrengungen durch das anspruchsvolle Studium gebissen. Trotz fehlenden Doppel-Prädikaten war er bei *Flachs & Delk* gelandet und war nun Partner. Vielleicht wünschte er sich den Abstand zu Reitmayr manchmal doch etwas kleiner. Sein Haar wurde mit den Jahren immer dünner, Reitmayrs nicht. Sein Drang in die Betten war schon immer verzagt, Reitmayrs nicht. Dennoch hätte er dessen Freundschaft nicht missen wollen. Leichte Anflüge von Neid konnten ja auch Ansporn sein. Wirklich erfolgreich war das bei ihm aber nicht. An schlechten Tagen zumindest. An guten dachte er nicht an Reitmayrs Erfolg.

»Sehrwohl, die Herren!«, sagte Tero mit dem tiefen Timbre seiner Stimme und deutete eine ernstgemeinte Verbeugung an. Von ihm hatte Reitmayr gelernt, dass Demut nicht immer eine ironische Attitüde sein musste, sondern einfach Teil eines Menschen sein konnte. Er schätzte das und fragte sich manchmal, ob dienende, zugewandte Menschen, die nach seinem Dafürhalten einer viel ehrlicheren Arbeit als er nachgingen, nicht glücklicher waren. Wenn Tero mit der Arbeit fertig war, waren die Leute satt und die meisten auch zufrieden. Die Quote bei der Arbeit als Rechtsanwalt war da beischeidener.

Reitmayr war manchmal unruhig, wenn er am Schreibtisch saß. Und je stupider die Arbeit, desto unruhiger wurde er. Früher hatte er geglaubt, die Stupidität der Arbeit nehme irgendwann ab, und wähnte sich als Partner im stupiditätsfreien Arbeitshimmel. Weit gefehlt, musste er sich leicht lachend eingestehen. Nur das Ressort änderte sich.

»Was?«, fragte Seydler.

»Wie?«

»Welches Ressort ändert sich?«

»Ach so, ich dachte grad, die Dämlichkeit bei der Arbeit nimmt nie ab, sie wechselt nur das Ressort.«

»Du meinst, die Farben changieren, aber der Grundton bleibt?«

»Besser hätte ich es nicht ausdrücken können.«

Sie prosteten sich mit den dickwandigen Espressotassen zu und tranken genussvoll. So musste Freundschaft wohl sein, dachten sie. Das spürten beide.

Das Telefon klingelte in Reitmayrs Anzughose. Seydler und Reitmayr gingen gerade über die Hauptwache Richtung Tiefgarage.

»Reitmayr«, meldete er sich.

»Hallo Herr Doktor, hier ist…«

»Frau Neuhaus! Ich bitte Sie wirklich…«

Er hörte ein undefinierbares Geräusch.

»Was ist das für ein Geräusch?«

»Was meinen Sie?«

»Na, das von eben?«

»Oh, das war nur mein Nasenring. Juckt manchmal.«

»Danke für diese Info.«

»Sie wollten doch…?«

»Ja, und ich bereue es auch schon wieder.«

»Ich weiß, ich weiß. Aber ich habe Herrn Flachs in der Leitung. Sind Sie bereit?«

»Die Frage ist immer: wofür?«

Der gläserne Aufzug zockelte hinunter in die Tiefgarage.

»Schön«, konnte Seydler sich nicht verkneifen.

»Ja, wirklich«, zischte Reitmayr. »Und wieder so wunderbar mit Pisse parfümiert!«

»Du siehst das zu eng, Frederic. Das ist nun mal öffentlicher Raum!« Seydler war eindeutig satt und zufrieden, dass ihn der Urin nicht mehr störte.

»Der aber zusehends ohne mich auskommen muss. Warum müssen Menschen immer alles verdrecken?«

»Warum verklagen sie sich alle?«

»Damit wir ein erkleckliches Einkommen haben.«

»Das erzähle ich demnächst auch mal der Putzfrau. Wieviel verdienst du denn nun durch die Beteiligung an der PartG mbB?«

Seydler sprach es wirklich so abgekürzt aus. Nicht Partnerschaftsgesellschaft mit beschränkter Berufshaftung. Nein PartGe-äm-be-Be.

»War es nicht rund eine Million?«

»Naja…«

»Wie naja? Oder werdet ihr in Teddybären bezahlt?«

»Bist du neidisch?«

Reitmayr blickte Seydler an. Der Fahrstuhl, mittlerweile unten bei U-drei angekommen, sagte mit sonorer Stimme »Tür öffnet« und »Tür schließt«.

»Lassen wir das. Ich bin nicht auf dich neidisch, sondern auf die Welt.«

»Seydler, red mit mir.«

»Weiß nicht.«

»Tür öffnet. Tür schließt.«

»Was will denn diese verschissene Tür!? Kann im Spätkapitalismus nicht mal jemand das Schließen und Öffnen einer verkackten Fahrstuhltür erkennen?«

»Das ist für die Behinderten.«

»Die können mich mal!

Der Fahrstuhl fuckt mich ab und du grad auch, Seydler!«

Seydler zögerte.

»Paradies?«

Reitmayr zögerte.

»Paradies«, sagte er leise gegen das vollgespritzte, fleckige Glas.

Der schwarze *Audi* schoss aus der Tiefgarage und ließ das Ablaufgitter heftig knallen.

»Lass uns bitte unversehrt im Paradies ankommen, Frederic.«

»Jaja, nur keine Panik. Aber wozu habe ich den teuren Hobel.«

»Weil du Anwalt mit funktionierender Samenproduktion bist.«

Reitmayr schaute Seydler kurz an. Da war was dran.

Sie glitten am *Japantower* vorbei, bogen nach rechts und steuerten direkt auf die Türme der *Deutschen Bank* zu. Obgleich deren Spiegelverglasung den harten Charme der Achtziger verströmte, wirkten sie innerhalb des ganzen Hochhausensembles am elegantesten. Für Reitmayr verkörperten diese beiden Türme das Herz des optischen Kapitalismus. Er mochte dieses Feeling aus *Dallas* und *Denver-Clan*.

An den *Deutsche Bank*-Türmen bogen sie scharf rechts ab. Reitmayr ließ vor einer Traube Teenies an der Ampel die Reifen quietschen.

Seydler rutschte tiefer in seinen Sitz. Sie fuhren durch die Bockenheimer Landstraße Richtung Messe.

»Hier, wink mal deinem Chef!«

»Nicht lustig.«

»Mandantenbesuch?«

»Wie?«

»Wo du offiziell gerade bist, statt im Office?«

»Da, wo du auch grad bist.«

»Also Mandantenbesuch. Naja, sind halt anspruchsvolle Fälle. Die wahre Anwaltselite kämpft draußen, jederzeit. Ohne Manschetten mit Manschetten.«

»Ich liebe es, wenn du schwafelst.«

Beide lachten laut.

Das Telefon klingelte. Der Name Constanze Neuhaus stand im Display des *Audis*.

»Die schon wieder.«

»Ist die bumsbar?«

»Das fragst gerade du? Herr der sexuellen Verzagtheit?«

»Kann ja nicht jeder jede Woche ne andere im Penthouse beglücken.«

»Stimmt.«

»Reitmayr!«, meldete er sich am Telefon.

»Ja, hier Neuhaus. Vorhin ist die Verbindung ja leider abgebrochen.«

Man hörte ihr nur zu deutlich an, dass sie wusste, dass das ihrem Chef nicht ungelegen gekommen war.

»Nun habe ich Herrn Flachs wieder am Apparat.«

»Na bravo«, entfuhr es Reitmayr. Wenn Flachs vom Lunch mit anderen Namenspartnern seiner befreundeten Kanzleien kam, war er immer mit den aberwitzigsten Ideen ausgestattet. Mit dem Charme eines Finanzbeamten pries er dann gerne seine arbeitsreichen Träume an.

»Wie bitte?«, fragte Frau Neuhaus nach. Sie schien ihn wirklich nicht gehört zu haben.

»Nichts, nichts. Aber muss das sein?«

»Was soll ich sagen? Er ist *Ihr* Chef.«

»Hm.«

»Also?«

»Keine Ausrede möglich, Fredi«, grinste Seydler.

»Na gut.«

Reitmayr trat aufs Gas.

Reitmayr ließ den Motor des *TT* aufheulen und im Paradies in die Parklücke rollen.

»Wollen wir nicht wenigstens irgendwo nebenan parken?«

»Haben wir etwas zu verbergen?«

»Auf jeden Fall.«

»Et voilà, das beste Alibi ist die Flucht nach vorn. Wie im Fall Burchardt.«

»Hä?«

»Progressives Nichtstun löst die Dinge!«

»Reitmayr, geht Partnerschaft neuerdings aufs Hirn?«

»Partnerschaft mit einer Frau? Mit Sicherheit!«

IV

Flachs fuhr sich über seinen Schmiss auf der linken Wange. Das Fechten hatte er längst aufgegeben. Nur diese eine Sekunde der Unaufmerksamkeit hatte ihn für sein Leben gezeichnet. Es waren wohl die wenigen Momente, fast an einer Hand abzählbar, die einen Lebensweg entscheidend prägten. Er stand in seinem Eckbüro im obersten Stockwerk des Hochhaues, das die Krönung ihrer Kanzleigeschichte sein sollte. Ein ganzes Hochhaus gehörte ihnen. Sie hatten es gekauft. Mit Terrasse und Ausblick auf den Main gen Osten. Auf das Gebäude der *EZB*, das bei Vertragsunterschrift noch gar nicht stand. Zwei große Mandanten hatten ihnen für zehn Jahre alle Rechtsangelegenheiten übertragen. Das war die Basis für den Kauf, der sich eines Tages rechnen sollte und würde. Bei den drastisch ansteigenden Immobilienpreisen ein realistisches Unterfangen. Für beide Großmandate stand bald die Verlängerung an. Eine Formsache.

Alfred Flachs blickte auf die schimmernden Wellen des Mains, der Hochwasser führte. In den riesigen Fensterflächen der *EZB* spiegelte sich die Sonne. Wenn er nach rechts blickte und den Hals etwas reckte, konnte er den Taunus sehen. Mehr ging nicht. Zumindest nicht in Deutschland. In Hamburg war es die Nähe zu Alster oder Elbe, in München ein Altbau an der Theatinerstraße oder eben hier in Frankfurt ein Hochhaus an der Neuen Mainzer Straße. New York war immer Flachs´ Ziel gewesen, es hatte sich leider nicht ergeben. Prädikatsexamina ja, aber dann fügten sich die Dinge wie bei einem Dominospiel, und er gründete mit Simon Delk die Kanzlei. Namenspartner, hatte Delk damals gesagt, was wolle er denn mehr. Und noch dazu an erster Stelle, anders als im Alphabet. Ja, diese Dinge hatten einen immensen Wert in ihrer Welt: die Positionierung auf dem Briefkopf, Papierstärke, Logoprägung, das Auto, wie bei vielen anderen auch, und nicht zuletzt die begehrten, prestigeträchtigen Wunschkennzeichen. Am besten einprägsame einstellige Ziffern. Verrückt, wenn er in Ruhe darüber nachdachte, was diese kapitalistische Welt ausmachte. Nach welchen meist ungeschriebenen Regeln alles funktionierte. Wie erbarmungslos die kapitalistische Welt alles aus den Menschen herauspresste und ihnen das Letzte abverlangte: ihre Integrität. Aber das würde er niemals irgendwem sagen.

Es klopfte. Die schwere Tür des abgetrennten Arbeitsbereichs für beide Namenspartner mit persönlichen Küchennischen, Duschen, Toiletten nebst Bidet wurde langsam geöffnet, nachdem er »Herein« gerufen hatte. Es konnte an und für sich nur Delk sein. Kein anderer kam an Frau Fuchs sonst ungesehen und ohne Anmeldung vorbei. Frau Fuchs war sein »Vorzimmerdrachen«, wie er gerne scherzhaft sagte, wenn sie ihn nicht hörte. Direkt vor ihr traute er sich das nicht. Sie war eine resolute Frau, irgendwo in den Fünfzigern. Das war ihm lieber als die Vorzeigedamen in ihren Zwanzigern. Die waren natürlich attraktiver, es lag eine latente Möglichkeitserotik in der Luft. Aber mit Mitte Sechzig merkte auch er allmählich, dass die wilde Phase seines Lebens längst vorbei war. Für seinen etwas jüngeren Partner Delk, ein Lebemann vor dem Herrn, schien die blaue Pille aber alles nochmal auf Anfang zu setzen; ein wahrer pharmakokinetischer *Gamechanger*. Aber so genau wollte Flachs es gar nicht wissen.

Der Begriff Vorzimmerdrache stimmte im Generellen eigentlich nicht mehr, dachte er. Die Frauen, und zumeist waren es immer noch Frauen, saßen nicht mehr in Vorzimmern. Sie arbeiteten nun in »Floors« oder »Spaces«. Was auch immer die Innenarchitekten sich für hanebüchene Namen ausdachten, es waren die Flächen eines Gebäudes, auf die keiner Lust hatte, die Innenräume. Sie hatten sich damals bewusst für eine Verglasung der Anwaltsbüros entschieden. Keiner sollte fernab von Tageslicht sitzen. Sie waren schließlich kein Kaufhaus. Dennoch war klar, wer hier wo in der Hierarchie stand. Als die Abteilung *Business Development* (also die Mitarbeitenden, die das Neugeschäft ankurbeln sollten) beim Umzug in das neue Gebäude ihre Büroräume beziehen wollte, herrschten beinahe tumultartige Zustände. Aber es regelte sich dann doch von selbst. Man erkannte, dass der Laden einzig durch die Berufsträger und nicht durch *Business Development* am Laufen gehalten wurde. Der Zwergenaufstand *developte* nicht. Die Abteilung fügte sich in ihr dienendes Schicksal und residierte fortan zähneknirschend in den Floors.

»Alfred«, sagte Simon Delk mit fester Stimme, als er zu Flachs ins Zimmer trat. Über all die Jahrzehnte hatten sie sich eine Grundart von Respekt bewahrt, und sie waren keine Freunde geworden. Vielleicht war das der Schlüssel ihres Erfolgs.

»Simon, komm doch bitte herein«, sagte Flachs.

Delk schloss die schwere Tür.

»Magst du einen Kaffee?«

»Sehr gern.« Anders als der junge Reitmayr, so dachte Flachs, ließ er sich den Kaffee noch immer von Frau Fuchs machen. Vielleicht sollte man das Konzept aber auch mal überdenken. Er könnte ja den jungen Reitmayr fragen. Wenn der dann noch da sein sollte.

»Burchardt hat mich im Golfclub angesprochen. Auf der Driving Range«, sagte Delk. Er nutzte seine Zeit immer intensiver für den Golfsport. Flachs sah darin weder Sport noch Sinn. Es war ein so borniertes Hobby, egal wie man es anging. Wenn er Delk in seiner weißen Golfkleidung sah, konnte er sich ein Lachen kaum verkneifen.

»Er war außer sich vor Wut, sprach über Respektlosigkeit und Mandatsentzug.«

»Es geht immer noch um diese unschöne Sache?«

»Ja, die Übernahme der ER12-Com Investment AG durch die ZER7-Investment SE. Reitmayr ist der zuständige Sachbearbeiter. Fiedler hat seinen Schützling dort installiert.«

»Und genau deshalb haben wir Reitmayr zum Partner gemacht!«

»Die beiden sind sich spinnefeind und Burchardt drängt auf schnelleren Vollzug der Übernahme. Reitmayr aber lässt sich verleugnen, und Burchardt... Alfred, du kennst diese Leute. Sie haben irgend so eine Firma mit irgendwelchen Mitteln hochgezogen, dann ein paar Leute in Posten gehoben, und sitzen nun selbst in veritablen Aufsichtsräten.«

»Ich weiß Simon, ich weiß.«

»Und leider sitzt Burchardt genau in den Aufsichtsräten unserer beiden wichtigsten Mandanten. Du weißt, was passiert, wenn diese beiden Mandanten uns wegbrechen?«

»Das wäre unser Untergang.«

Flachs biss die Zähne zusammen, dann atmete er durch.

»Warum delegieren wir das Mandat nicht neu?«

»Wir können es nicht. Seit dem Weggang von Doktor Schorst und seines kompletten Praxisteams, klafft eine riesige Lücke bei uns im M&A-Geschäft. Wer hätte ahnen sollen, dass uns die gesamte M&A-Praxis wegbricht, die wir genau jetzt für dieses Großmandat brauchen? Wir können doch nicht bei der Konkurrenz um Hilfe betteln. Und Fiedler verteidigt Reitmayr bis aufs Blut. Vatergefühle oder so. Er selber hat ja keine Kinder.«

Ein Glück, dachte Flachs. Delks Sohn hatte einmal am Empfang der Kanzlei gestanden und nach seinem Vater verlangt. Mit einer *Rolex* am Arm. Im Alter von zehn Jahren! Das war selbst Flachs zu viel. Und was für ein schlechter Vater Delk war. Flachs hatte selbst zwei Töchter großgezogen. Mehr schlecht als recht. Schlussendlich hatte seine Frau das erledigt. Das hatte sie beide ihre Liebe gekostet. Schon seit Jahren schliefen sie getrennt. Alles nur Schein, keinerlei Sein. Man lebte als wirtschaftliches Arrangement. Mehr nicht. Und für die Gesellschaft. Liebe hatte Flachs schon lange nicht mehr erfahren. Aber vielleicht gab es die sowieso nicht.

»Sind *wir* die Namenspartner oder Fiedler?«

»Alfred. Ich muss dir nicht sagen, warum wir auf Fiedler so angewiesen sind. Er hält die Bälle in der Luft. Und er sagt: Wenn wir Reitmayr torpedieren, geht er. Seit dem Tod seiner Frau ist er unberechenbar geworden. Und Reitmayr lässt sich nichts mehr sagen. Seit dem Partnerreigen.«

»Das stimmt.«

»Simon?«

»Ja, Alfred?«

Flachs blickte in die Ferne. Auf den Main. Es war ganz still. Der Verkehr floss unten lautlos an der Fensterfront vorbei. Die Sonne stand hoch. Sein Blick verfinsterte sich, er fuhr sich mit der linken Hand über den Schmiss. Die Narbe schmerzte, auch vierzig Jahre danach noch, immer mal wieder. Und genau jetzt.

»Simon. Wenn Burchardt Reitmayrs Kopf fordert…«

»Dann?«

»Tu es.«

Delk nickte sehr knapp und verließ wortlos das Büro.

»Frau Fuchs«, sagte Flachs ins Telefon. Er saß in seinem *Interstuhl Silver*-Bürostuhl und strich über die metallenen Armlehnen. »Ja, Herr Doktor Flachs?«

»Ich brauche Reitmayr am Telefon. Sofort.«

V

Der Türöffner summte laut, als sie das schmiedeeiserne Tor aufdrückten. Das war es nun, das Paradies. Eine kaugummikauende Frau mit grauenvoll hässlich tätowierten Augenbrauen nahm gelangweilt das Eintrittsgeld entgegen. Routinemäßig griff sie zu dem laminierten Blatt mit den Verhaltensregeln für das Paradies, begriff dann aber, dass sie Stammgäste vor sich hatte. Reitmayr zog seine Sammelkarte hervor. Zehn Besuche, *one for free*, stand auf der Karte. Er hatte sie hinter seiner *Miles & More*-Karte versteckt.

»Jungs, ihr wisst, wie das hier läuft: Nur mit Gummi, den Preis macht ihr mit den Mädels selber aus. Und: Kein Theater, sonst…« Mit dem Daumen deutete sie in die Richtung der anderen »Jungs«: menschgewordene Wandschränke einer örtlichen Motorradgruppe. Die waren selbst für Reitmayrs Geschmack zu heftig für Scherze. Hier im Paradies herrschte Ruhe. Keine Handys, keine Pöbeleien. Einfach Ruhe. Alle gleich, alle nackt. Zustände mit Seltenheitswert.

Seydler und Reitmayr nahmen zunächst an der Bar Platz. Sie prüften den dunklen Raum, der eigentlich eine Halle war. Aber keiner schaute hier nach oben. Reitmayr tat das nur aus alter Gewohnheit. Er betrachtete gern bewusst die Begrenzungen eines Raumes. Man sollte, hatte Fiedler einst zu ihm gesagt, immer versuchen, ein Problem dreidimensional zu erfassen. Und ein Problem war fast alles, auch das Bordell. Kurz hinter dem Eingang gab es die Umkleiden, dann kamen die Schließfächer für die Wertsachen. Es war der Bezahlbereich. Dort wechselte nach dem Sex das Geld den Besitzer. Es waren kleinere Beträge als Reitmayr früher dachte, was Sex wert sein könnte. Dort spielten sich Dramen ab. Eine Gruppe Chinesen brach mal in Tränen aus. Sie hatten ihre Schließfächer nicht abgeschlossen und alle Pässe waren weg. Abflug am nächsten Morgen. Ein tränenersticktes »Police« verhallte kläglich. So wirklich wollte man dann die Aufklärung durch die Polizei doch nicht herbeiführen. Die Chinesen zogen von dannen, aber ob sie auch das Land verlassen konnten? Wahrscheinlich gaben sie an, die Pässe seien ihnen im *Senckenberg Museum* abhandengekommen. Natürlich. Wo auch sonst?

Wie viele Aussagen wohl gelogen waren, ohne dass man das je nachweisen konnte? Reitmayr überlegte oft, was wäre, wenn das ganze Konstrukt aus Lügen und Falschaussagen irgendwann einmal zusammenbräche. Wenn alle Morde blinken und alles Diebesgut piepen würde, wenn alle Aussagen durch eine korrekte Tonspur ersetzt würden. Es würde laut, hell und auf eine unerträgliche Art grell im Leben der Menschen. Die Lügen der anderen, aber besonders die Lügen sich selbst gegenüber, würden schmerzen. Wahrscheinlich würde so eine

Lügenwelt gar nicht funktionieren. Der Mensch war auch nicht für die schonungslose Wahrheit gemacht. Reitmayr war schnell dazu übergegangen, den FKK-Club als soziologisches Biotop zu betrachten. Eine seiner grundlegenden Erkenntnisse war, dass hier das häufigste Accessoire der Männer der Ehering war - und Kombis mit Kindersitzen. Gegeißelte Familienväter mit Hypothek und »Nerv-Else« (wie er selbst die nullachtfünfzehn-Frauen nannte), die sich besonders in der Mittagspause mal kurz das Hirn freivögeln wollten. Er konnte das verstehen. Sahen diese Männer doch oft viel älter aus, als sie waren. Das Leben erdrückte sie mit seinen Notwendigkeiten. Sie hatten ihre Freiheit an die Regeln verkauft und sich damit in eine Abhängigkeit begeben, aus der sie in diesem, ihrem Leben nie wieder herauskommen würden. Und das sah man ihnen deutlich an.

»Cola?«, fragte Seydler. Reitmayr war in Gedanken.

»Hallo, Erde an Reitmayr! Cola?«, drängte Seydler und schnippte ihm an die Schulter.

Reitmayr schreckte hoch. »Du sollst doch nicht…«, er begann zu flüstern, »meinen Namen hier so laut rufen!«

Seydler lachte.

»Ok, Fredi. Was magst du trinken?«

»Also – wie den seligen Biolek musst du mich nun auch nicht nennen«, raunte Reitmayr zurück.

»Ich dachte du magst den?«

»Ja, aber doch nicht wie seine Mutter ihn nannte.«

»Ok, ok, Madame. Dennoch eine Coca?«

»Ja, Herr Freier.«

Seydler drehte sich mit einem gepressten Grinsen um und bestellte zwei Cola. Auf Alkohol verzichteten sie im Paradies immer. Erstens war der hier frech teuer (nicht, dass sie es sich nicht hätten leisten können, aber gerade sie kannten ja den Wert des *selbst erarbeiteten* Geldes) und zweitens wollten sie die Kontrolle behalten. Mehr als die Freier, die hier besoffen »gegen Gebühr« (meistens war das der gesamte Inhalt ihrer Geldbörse) in ein Taxi gelegt wurden.

Die ehemalige Lagerhalle hatte man innen komplett schwarz lackiert, daher fiel die hohe Decke gar nicht auf. Ein Hai hing dekorativ an einer Kette und drehte sich. Ein großes Aquarium stand auf der Empore. Niemand achtete auf die Fische. Die Bar war ein langes U. Alle Getränke waren kostenlos, außer eben die alkoholischen. Die meisten tranken Cola oder billigen Automatenkaffee, den die Damen mit den knappen Tops lustlos verteilten.

»Ob die für das eigentliche Business zu hässlich sind?«, fragte sich Reitmayr laut.

»Du sollst nicht so viel denken. Sag mir lieber, wen wir heute wegballern.« Seydler kam in seinen verbalen Sexmove. Reitmayr ahnte, dass die Großmäuligkeit sehr abweichend war von dem, was die Freier dann wirklich in den Zimmern zustande brachten.

Durch eine Glasfront blickten sie in den Freiluftbereich. Im Sommer konnte man hier am Pool liegen, sich auf den Liegen sonnen, während im Gebäude nebendran die Heimwerker im Baumarkt ihre Familien durch die

Gänge trieben. Er selber trieb es gerne in den Pavillons mit Vorhängen. Leider war es dort um die Akustik nicht so bestellt, wie es sein innerer Datenschutzbeauftragter von ihm verlangte. Generell waren die Besucher das Abbild einer skurrilen Gesellschaft. Von den jungen Wilden bis hin zu Greisen mit Rollator, die sich die Prostata (sofern noch vorhanden) massieren ließen. Das hatte ihnen Linda verraten. Linda gehörte zu den Schönheiten des Hauses. Denn auch hier im Paradies gab es Klassen, und nicht jede war für jeden bestimmt. Auch die Damen wählten aus, je nachdem wie gut der Tag oder die Nacht oder beides sich anließen.

Reitmayr hielt sich gern im »Mittelfeld der Schönheit« auf, wie er es nannte. Die allzu Schönen waren zu arrogant und gaben sich keine Mühe. Die Hässlichen waren so verzweifelt, dass der intime Kontakt eher einen mäzenatischen Charakter der Fürsorge hatte. Wie bei allen aufregenden Sachen, kam auch hier Routine ins Spiel. Nachdem sie ihre Bademäntel und Plastikschlappen (die Seydler unter Reitmayrs irritiertem Blick gerne gegen flauschige Hausschläppchen tauschte) entgegengenommen hatten, nahmen sie ein Getränk an der Bar, dann aßen sie am Büffet, das eine regionale Metzgerei lieferte (»Frischfleisch für jedermann!« war ernsthaft deren Slogan). Und dann kamen sie zum arbeitsreichsten Teil der ganzen Chose, dem Sex. Reitmayr hatte sein Ego nur schwer daran gewöhnen können, dass er hier nicht balzen, sondern nur mit (wenigen) Scheinchen wedeln musste. Die gesamte Sexwelt außerhalb des Puffs funktionierte doch schließlich auch mit viel Geld. Bloß subtiler und chiffriert. Manchmal kam ihm die Bordellwelt daher viel pragmatischer und ehrlicher vor als das, was man gemeinhin »das richtige Leben« nannte. Hier bezahlte man offen und öffentlich. Bei den Larissas dieser Welt eben in Champagnerwährung.

»Na, ihr Süßen«, hauchte es immer wieder von der Seite. Die meisten Männer waren mangelgeliebt und so bedürftig, dass sie alles glaubten. Im Internet gaben sie dann ihre Kreditkartennummer an, aber hier bewahrten die Regeln des Hauses sie vor einem völligen Bankrott. Eins hatten sie schnell gelernt: Niemals mit zwei Mädels gleichzeitig aufs Zimmer, das war immer Abzocke. Seydler verfiel ab und an in diese Haltung des ewigen Glaubens, wenn ihn die steil operierten Brüste, die angeklebten Fächerwimpern zu bezirzen versuchten. Reitmayr und Seydler waren ein gutes Team geworden. Die Bordellbesuche einten sie in einer Welt, die für sie wie eine Auszeit von ihrer Welt eigenen war.

»Ah, die Herren Anwälte!«, gluckste es von der Seite, als sie sich näherten. Linda war angeblich zweiundzwanzig und auf jeden Fall im obersten Bereich der mittleren Schönheitsskala. Eine der wenigen, mit denen man reden konnte, auch außerhalb der völlig standardisierten Gespräche, die in kürzester Zeit auf den Gang aufs Zimmer zuliefen.

»Ah, die Vorarbeiterin«, raunten beide. Linda legte ihre kleine Tasche, in der sie alle Utensilien für den Betrieb hatte, auf den Tresen. Sie nannte sie ihre »Werkzeugtasche«. Mit einer Hälfte ihres Pos, der wie eine pralle Frucht aussah, schob sie sich auf den nächsten Barhocker. Reitmayr und Seydler drehten sich zu ihr um.

»Und, wie ist der Tag so?« begann Seydler zaghaft das Gespräch. Vor Frauen wie Linda ergriff ihn dann doch immer wieder Ehrfurcht. Er fühlte sich regelrecht eingeschüchtert von so viel Selbstbewusstsein.

»Es geht, nicht so viele Schwachsinnige wie an einem Samstag. Die Fettwanstquote hält sich in Grenzen und die prolligen Südländer müssen im Großmarkt mit Mutti einkaufen gehen.«

Beide nickten. Linda hatte ihnen erzählt, wie sie in das Gewerbe gekommen war. Vorbildliches Elternhaus auf dem Land, trotzdem Ärger zu Hause, Schulabbruch mit sechzehn, dann nach Hamburg. In Hamburg an die falschen Leute geraten, unter anderem an Erich, den alle Eddy nannten – will sagen: nennen mussten. Eddy wurde Lindas Lebensgefährte und letztlich ihr Zuhälter. Wobei er ihr Leben enger begleitete, als Reitmayr es jedem normalen Menschen gewünscht hätte. Es kam, wie es kommen musste. Linda wurde älter, stellte unbequeme Fragen und bekam noch unbequemere Antworten, die sie wie im Abonnement regelmäßig in die Notaufnahme des Hamburger Universitätskrankenhauses Eppendorf brachten. Die offizielle Version war, dass sie immer wieder großes Pech hatte und auf der Marmortreppe von Eddys Haus in Blankenese ausrutschte. In so eine Villa hatten sie und die anderen Mädchen ihn mit ihren Einnahmen »hineinverdient«, den Assi aus Harburg.

Im Milieu konnte man es immer noch weit bringen, wenn man hart zuschlug, statt hart zu bumsen. Bumsen war das Mittel, um den anderen das Geld aus der Tasche zu ziehen. Selber hielt Eddy sich zurück. Ob er nicht wollte oder nicht konnte, blieb unklar. Eine Nachfrage von Linda hätte sie wohl nicht mehr nur ins UKE, sondern gleich nach Ohlsdorf unter die Erde gebracht.

Mit einundzwanzig riss sie sich von ihm los, der Phantomschmerz begleitete sie angeblich noch immer. Sie liebte ihn wohl doch, meinte sie manchmal, wenn sie lustlos in ihrer Bloody Mary rührte.

»Nun sagt mal, wem helfe ich denn heute bei seinem Prozess?«, schäkerte Linda. Reitmayr grinste eher schal, Seydler kicherte, als hätte man ihm ein aufgezogenes Spielzeug vor die Nase gehalten.

»Immer dem, der doof grinst«, sagte Reitmayr und boxte Seydler etwas ungeschickt in die Seite. Prügeln war seine Profession nie gewesen, doch diesmal reichte es, dass Seydler vom Kunstlederhocker rutschte und der Dame links von ihm beinahe den Drink aus der Hand geschlagen hätte. Diese schickte ihm dafür einen hasserfüllten Blick. Ganz zu schweigen von dem Herrn neben ihr, der im Restaurant statt Austern lieber den Seniorenteller hätte bestellen sollen. Bei denen bahnte sich die Sexnacht des Jahres an.

»Jungs! Hey - Jungs!« brüllte eine tiefe, raue Stimme von der Seite. Reitmayr blickte im Augenwinkel zum Türbereich, Seydler schaute auf den Boden.

»Ja genau, ihr beiden gekämmten Kleiderständer!«

Reitmayr und Seydler schauten so unauffällig drein wie sie konnten. Was hatte Reitmayr eben noch über seine Prügelkenntnisse gedacht? Nicht seins.

»Was soll das denn? Ihr beiden.«

»Ähm, ja«, brachte Reitmayr hervor. Linda ging Richtung Buffet und raunte ein eher unverbindliches »Bis später«. Es hätte auch heißen können: »Bis zum nächsten Leben dann.«

»Ihr seid doch keine Anfänger, oder?« Beide schauten weiterhin wie Schulbuben. Der Security-Rocker stand nun direkt vor ihnen. »Was um Himmels willen soll das?« Reitmayer überlegte kurz, ob das hier doch eine himmlische Angelegenheit werden könnte, verwarf aber den Gedanken gleich wieder, weil er Sorge hatte, der Typ könnte es ihm in den Augen ablesen.

»Wir wissen leider nicht, was Sie meinen?«

»Boxershorts und gefütterte Hausschlappen. Sagt mal, seid ihr noch ganz bei Trost?« Reitmayr und Seydler schauten sich irritiert an.

»Er mag es, seinen Penis zu bedecken, und ich habe oft kalte Füße. Ihr habt hier doch keine Fußbodenheizung, oder?«, sagte Seydler so spontan, dass er sich gerne selbst einen Vogel gezeigt hätte. Reitmayr blickte ihn an, als wenn aus einem Tunnel ein Zug direkt auf ihn zukäme.

»Wollt ihr beiden geleckten Säcke mich eigentlich verarschen?« Beide schüttelten den Kopf, für eine glaubhafte Antwort etwas zu eifrig.

»Oder seid ihr Schwuchteln und wollt hier das Geschäft stören?«

»Nein, wir meinten es eigentlich, also ähm, ernst.«

Der Security-Mann hatte eine Narbe am Hals und Reitmayr wollte gar nicht so genau wissen, woher. Nur dass dessen Bizeps den Umfang seiner Oberschenkel hatte, beunruhigte ihn doch sehr.

»Ihr zieht den Scheiss aus, oder ihr fliegt raus. Dauerhaft. Wo kommen wir denn da hin, wenn in einem FKK-Club die Leute Webfellschläppchen und Unterhosen tragen.« Er zog beide Wörter deutlich in die Länge, um seine Abscheu zu verdeutlichen. »Schon mal gehört: Eff-Ka-Ka. FREIKÖRPERKULTUR.« Die Adern an seinem Hals schwollen an.

»Wenn ich das aber kurz noch sagen dürfte, ich habe nirgendwo einen Hinweis gelesen«, sagte Seydler und stockte dann. Seine Stimme wurde am Ende des Satzes brüchig.

Der Wandschrank von Security-Mann war glattrasiert und trug eine silberne Kette um den Hals. Immer diese Klischees, dachte Reitmayr. Erschreckend treffend. Der Typ hätte mit dieser Optik nichts anderes werden können als das, was er war. Und vielleicht waren sie ja aus demselben Grund beide Anwälte geworden.

»Jungs! Ausziehen oder ihr könnt eure Anzüge anziehen, damit Mutti euch noch ein letztes Mal so sieht, wie sie euch geliebt hat. Klar?« Reitmayr nahm Seydler am Unterarm, er hatte Sorge, dass der manchmal etwas stoffelige Seydler doch noch eine Antwort ausplapperte. Es wäre sicher die letzte gewesen für heute. Oder für immer.

Das schmiedeeiserne Tor schloss sich hinter ihnen. Frische Luft. Reitmayr atmete durch, Seydler griff sich demonstrativ in den Schritt. Der Fahrer des ersten Taxis in der Reihe spendierte ihnen einen genervten Blick. Sie hätten durchaus als Freier-Doubles durchgehen können, so sehr verhielten sie sich wie Freier. Als sie an Reitmayrs *TT* standen, zündete dieser sich eine *NIL* an. Selten, aber dann und wann rauchte er so hingebungsvoll, dass man meinen könnte, er sei Kettenraucher.

»Lass vom Filter was übrig«, raunte Seydler. Reitmayr grinste schmallippig: »Dafür, dass du uns fast in die Notaufnahme gequasselt hättest…«

»Ach Quatsch, der war doch lieb.«

»Jaja.«

Seydler nahm den Punkt zum Anlass für einen Themenwechsel. »Wann hast du denn deinen Autotermin?« Reitmayr dachte nach. »Morgen, verdammt. Das ist ja schon morgen.«

In Gedanken verschob er schon den Termin mit den langen Beinen, den er ebenfalls für morgen anberaumt hatte. Terminverschiebungen waren immer Schenkelschließer. Da ging dann erstmal nichts mehr mit der Frau. Außer man investierte auf der Goethestraße in eine Tasche oder ähnliches. Aufrechte Feministinnen hätten sich sogleich die *Beretta* in den Mund geschoben und abgedrückt, wüssten sie alle Details über die Situation einiger Frauen in Frankfurt. »Einvernehmliche Privatprostitution« nannte er das für sich. Die Frauen aus dieser Schicht hatten auch gar kein Interesse, emanzipiert zu sein. Das hätte ihre »Geschäftsgrundlage« zerstört. Ziel war es, sich in den Jahren, in denen sie gut aussahen, wie eine Zecke vollzusaugen, um dann einsam in einer Penthouse-Wohnung von einer Schönheits-OP zur nächsten zu planen. Oder sie wanderten in den Taunus ab, in eine schicke Villa – während der Mann sich in seiner Zweitwohnung das Hirn rauskopulierte. Sperma wurde zum begehrten Gut, Kinder waren immer ein geeignetes Objekt für psychische und physische Erpressung. Du willst doch, dass es den Kleinen gut geht? Du willst sie doch auch mal sehen? Auch Reitmayr hatte schon mal sein Sperma gerettet, als eine allzu engagierte Liebschaft es sich doch tatsächlich aus dem Kondom in ihren Schritt gießen wollte. Upps, hatte sie nur gesagt, als Reitmayr es ihr im letzten Moment wegreißen konnte.

VI

Reitmayr rollte mit seinem Auto auf den Parkplatz des *Porsche*-Autohauses. So ganz glauben konnte er es immer noch nicht, dass er sich wirklich einen *Porsche* holen wollte. Aber war das denn wirklich *sein* Wunsch? Er wusste es nicht, das begehrte Ziel schien in einer Melange von Wünschen aufzugehen, die er nicht mehr sauber trennen konnte: Was die anderen wollten, was er wollte, was der Zeitgeist wollte und was das Portemonnaie wollte. Egal, dachte er, und stieg mit einem Ruck aus.

Der Verkäufer schoss mit einer Drehbewegung aus seinem Bürostuhl und widmete seine ganze professionelle Aufmerksamkeit dem eintretenden Kunden. Als Kunde musste man nicht mehr an Schreibtischen Platz nehmen, nein, man hatte nun bei jeder Verkaufsinsel eine Lounge-Sitzgruppe installiert, um den Wechsel der Unsummen an Geld noch gemütlicher zu gestalten.

»Einen Cappuccino?«, eröffnete der junge Verkäufer die Partie.

»Gerne, wenn er denn gut ist.«

Reitmayr weigerte sich inzwischen, Industrieplörre zu trinken.

»Handaufgeschäumte Milch und regionale Bohnen, Herr Doktor Reitmayr«, grinste der Verkäufer selbstsicher. Er war für Reitmayrs Geschmack etwas zu jung, zu glatt, zu siegessicher. Ein Autoverkäufer eben. Sein Anzug glänzte zu sehr, stammte wohl aus der Herrenabteilung einer dieser Kaufhausketten. Garderobe war Reitmayr wichtig, auch wenn er es von Haus aus nicht kannte, auf seine Kleidung zu achten. Seine Eltern waren pragmatische Leute gewesen. Niemals hätte sein Vater einen Anzug für 500 Euro gekauft. Wozu denn auch, das sähe man ihm eh nicht an. Reitmayr aber sah so etwas, immer. Er hatte zwei Professoren, einer von ihnen war Fiedler, die zeigten, was männlicher Stil sein konnte. Anzug tragen und dennoch nicht wie ein Autoverkäufer wirken.

Seit Jahren vertraute Reitmayr schon auf seinen Maßkonfektionär. Stéphane Grissler besaß ein Atelier im Gärtnerweg im Frankfurter Westend, nur einen Steinwurf von Seydlers Kanzlei entfernt. Hier konnte Reitmayr in eine pittoreske Welt eintauchen, guten Kaffee trinken und in den Stoffmustern der neuen Saison blättern. Mehr als vierzig Anzüge hatten sich so über die Jahre angesammelt, nur wenige davon unter tausend Euro. Gerne ließ er sich *Zegna*-Anzüge mit handvernähten Ärmeln von Grissler fertigen, die sich wie eine zweite Haut trugen und sich seinem Körper anschmiegten. In der Serie »Dresscode« des Deutsche-Welle-Moderators Gerhard Elfers, hatten Reitmayr und Seydler einen weiteren Fixpunkt ihres Anzugstils entdeckt. Das Internet war in manchen Dingen ein schierer Segen in der Zugänglichmachung von Themen, die angeblich keinen interessierten. Leider würden die meisten Menschen nie erfahren, wie gut ein gut gemachter Anzug sitzt. Tausende gaben sie für Fernsehwände, *Playstations* und Urlaube in Bettenburgen aus. Aber sich mal einen Anzug für knapp tausend Euro gönnen – das war für die Leute unvorstellbar. Dann saßen sie auf Hochzeiten und anderen Festivitäten der Familie und schwitzten in ihren erbärmlichen Polyesterstoffen, die bald verbeult aussahen und ihre mindere Qualität nicht leugnen konnten. Im Laufe der geselligen Abende galt es dann als Form des Protests und als Demütigung sich dieser Kleidungsstücke nach und nach zu entledigen. Die Krawatte flog als erstes unter einem befriedigten Grunzen in die Ecke, dann das Sakko, in dessen Achseln sich schon ein weiß umrandeter Schweißfleck abgezeichnete. Alles sollte danach schreien: Weg mit der leidigen Konformität! Dabei stimmten sie in ihrer selbstverliebten Lockerheit wieder alle in die gleiche Konformität mit ein, die Reitmayr so hasste. Diese verschwitzte Kumpelliebe, der Hass nach oben, das Treten nach unten und, wenn genug Alkohol geflossen war, auch die gemeinsame Abneigung gegenüber Ausländern. Die Zugehörigkeit zu einer Gruppe konnte einzelne Menschen zu Fratzen ihrer selbst werden lassen, und Reitmayr wusste noch von Uni-Zusammenkünften, dass in schlechten Konstellationen (und das waren nach seiner Erfahrung einige), nur ein wenig Schieflage in der Meinungsbildung reichte, um aus einer Ansammlung von Menschen einen widerwärtigen Mob werden zu lassen. Rostock-Lichtenhagen und viele andere Schauerrealitäten drangen in sein Bewusstsein.

Den Cappuccinoschaum zierte eine Blume, die Tasse war heiß und vorgewärmt. Er pfiff leise durch die Zähne. In der Zwischenzeit hatte er in dem weichen Ledersessel Platz genommen und die ersten Prospekte durch seine frisch manikürten Hände gleiten lassen.

»Was wollen Sie denn mit dem Auto aussagen, welches Statement darf es sein?«, sagte der junge Verkäufer.

Reitmayr schaute irritiert. Er wollte ja eigentlich nur ein Auto, verstand aber die Frage. Es war die einzig »richtige« Frage hier in dieser Stadt. Sicherlich, jeder drückte mit seinem Auto etwas aus, ob er wollte oder nicht. Aber hier gab es eben die feinen Nuancen, wie sehr man »at the top« angelangt war. S-Klasse in lang oder »nur« normal? Beleuchtete Fußleisten mit Namen? *AMG* oder nur viel PS? Die schlimmste Schmach wäre gewesen, ein Fahrtenbuch führen zu müssen oder keine passende Garage zu finden. Was, du nutzt die Ein-Prozent-Regel nicht?, hieße es dann im Café an der Hauptwache. Wobei die Frage diabolisch war, denn manchmal war das gewählte Auto selbst so teuer geworden, dass die Versteuerung auch für die Gutverdiener nahe an der Grenze des Vertretbaren war.

Reitmayr überlegte. Gelb wollte er auf gar keinen Fall. Igitt. Diese Partner in vorgerücktem Alter, die sich dann einen gelben *911er* (oder noch schlimmer: nur einen *Boxster*) holten, um damit wie eine frisch geplatzte Zitrone um die Ecke zu düsen, waren nur peinlich. Sie wollten das Altern mit allen Mitteln aushebeln und wurden damit zum Branchenwitz. Manche hatten den gelben *Boxster* auch von einer Geliebten wieder abgezogen, und der blanke Geiz ließ sie selber ein paar tausend Anstandskilometer damit fahren. Gelb, wie Reitmayr nun lernte, war übrigens eine der vier Basisfarben ohne Aufpreis. Da wurde ihm so einiges klar.

Das Gespräch mit dem aalglatten Verkäufer in seinem glänzenden Anzug gestaltete sich kurz. Reitmayr wollte keine langen Gespräche über autophilosophische Themen. Man einigte sich auf einen *911er* in schwarz-metallic. 125.000 Euro. Reitmayr musste kurz die Lippen aufeinanderpressen bei dem Preis. Und an seine Eltern denken. Dann signierte er etwas zu energisch auf der schlicht anmutenden Auftragsbestätigung.

»Sie werden es nicht bereuen, er wird Maßstäbe in Ihrer persönlichen Autowelt setzen«, raunte der Verkäufer verschwörerisch, als wenn Reitmayr nun zu einem geheimen Club gehörte. Da tat ihm der Verkäufer leid. Genauso wie alle Bediensteten in teuren Hotels. Sie mussten bei der Vorführung des Luxus mitmachen, gehörten aber am allerwenigsten dazu. Sie waren Statisten in der teilweise perversen Inszenierung des Luxus. Abends schwärmten sie aus und zogen sich ihre billigen Klamotten an, gondelten in vollen Nahverkehrszügen in eine graue Vorstadt, um dann, vor einem Flatscreen auf dem Sofa liegend, Nachos zu fressen. Deprimierend. Es war alles nur Fassade. Und jeder wusste es. Einen Schritt ins Backoffice eines Hotels, eine Minute in der Werkstatt, schon hätte man das echte Leben sehen können und, nur ein paar Minuten verharrend, auch erlebt. Autoverkäufer durften wenigstens so tun, als könnten sie es sich leisten, weil sie mit den Autos ab und an nach Hause fahren durften. Das sah man ihnen in aller Regel nicht nur am Kennzeichen, sondern auch an ihrem Gesichtsausdruck an. So blickte kein echter *Porsche*-Fahrer.

»Jetzt kommen wir aber zum wichtigsten.« Reitmayr blickte irritiert. »Ihrem Kennzeichen, Herr Doktor Reitmayr.«

»Aha.«

»Wir haben gute Verbindungen zur Zulassungsstelle«, zwinkerte der Verkäufer, »und wir können da immer die besten Kennzeichen für Sie herausholen.«

Achja, dachte Reitmayr, genau. Die Niedrigstelligkeit. Auch beim Kennzeichen gab es ungeschriebene Regeln. Am besten war ein Kennzeichen nur mit einer 1 (zur Not auch etwas anderem Einstelligen). Flachs und Delk hatten auf ihren *Porsche Panameras* die wohlklingenden Nummerntafeln F-AF 1 und F-SD 1. Auf ihren Zweitwagen ging es dann mit der Ziffer 2 weiter. Nur eine Ausnahme gab es bei diesen kurzen Ziffern: der *911er* bekam immer ein Kennzeichen mit der Nummer 911 und den Initialen des Besitzers. Sicher mussten schon einige stolze *911er*-Besitzer ins Kissen weinen, weil ihre Namenskombination nicht mehr verfügbar war. Und wer wollte schon ein Hanauer Kennzeichen?

»Wie wäre es mit F-FR 1? Das könnte ich Ihnen besorgen und das wäre doch très chicque!«

Reitmayr dachte kurz nach. Der Verkäufer ahnte seine Nachfrage. »Also, leider, wirklich leider, ist das Kennzeichen mit Ihren Initialen und 911 schon vergeben.« Vor Mitleid schienen seine Ohren rot zu werden.

»Ja, F-FR 1 ist gut«, hielt sich Reitmayr kurz, »und in acht Wochen kann ich den Wagen abholen?«

»Ja, Ihr persönlicher *911er* ist in gut zwei Monaten fertig, Herr Doktor Reitmayr.«

Er unterschrieb die Vollmacht für die Zulassungsstelle und stieg in seinen schwarzen *Audi TT*. Hatte das Interieur immer schon so billig gewirkt?

Er rollte mit dem *Audi* in die Tiefgarage auf seinen reservierten Parkplatz. Vierzig Schritte trennten ihn vom Fahrstuhl, der ihn direkt auf seine Etage fahren würde. Angefangen hatte er mit zweihundert Schritten. Und ja, auch das wurde verglichen. Erst bekam man die engen, weit entfernten Parkplätze. Dann rückte man immer näher zur Fahrstuhltür vor. Flachs und Delk hatten jeweils zwei doppelte Parkplätze, auf denen meist der jeweilige *Panamera* und der *911er* standen. Manchmal aber auch nur der »einfache« *Macan* der jeweiligen Ehefrau. Fiedlers Parkplatz suchte man dagegen vergeblich. Der dritte Mann in der Kanzleispitze verzichtete auf seinen Parkplatz; er kam mit dem Rad aus seiner Nordender Altbauwohnung. Nach dem Tod seiner Frau hatte er seine Autos und das Haus im Vordertaunus verkauft und wohnte nun in einer Hundertzwanzig-Quadratmeterwohnung allein. Als Fahrrad holte er sich ein Carbon-Modell mit Hochrahmen, was eher an ein Rad aus den Zwanzigern erinnerte und wie ein Statement in der Tiefgarage der Firma angeschlossen war. Man hatte beim Umzug in das Hochhaus extra Fahrradständer anbringen lassen, speziell verankert, da die Fahrräder der Partner manchmal mehr kosteten als drei Monatsgehälter ihrer Assistentinnen. Da wurde mit allem aufgetrumpft, was am Fahrradhimmel verfügbar war. Sogar Duschen für die verschwitzten Fahrradfahrer hatten sie einbauen lassen. Vom Spá konnte der Architekt sie dann allerdings nicht mehr überzeugen. Delk war zwar beim Jour-Fix mit den Architekten fast in Spá-Ekstase geraten, doch Flachs kommentierte mit Grabesstimme, dass Delk doch bitte anderweitig saunieren möge. Fiedler konnte Flachs in dieser Situation genügsam zustimmen, jedoch hätte es ihn schon heimlich gefreut zu wissen, dass Delk seinen Vergnügungen im Keller der Kanzlei nachgehen würde. Es wäre das passende Bonmot für diese abstruse Welt des Geldes gewesen.

VII

»Herr Reitmayr, da sind Sie ja endlich!«, rief Constanze Neuhaus atemlos aus. »Und die ganze Zeit per Telefon erreichbar«, konterte er ohne Gruß, aber mit offenem Gesichtsausdruck.

»Ich wollte Sie beim Kauf Ihres Babys nicht stören«, konnte sich seine Assistentin nicht verkneifen. Sie hatte wohl die Termin-E-Mail von *Porsche* in seinem Postfach gesehen.

»Ja, wollte auch mal so einen Nasenring wie meine Assistentin. War aber leider ausverkauft, daher *Porsche*. Geht auch auf die Nase, wenn man die Preise sieht.«

»Sie können es sich sicher leisten…«

»Und jeder Zuhälter kann sich viel mehr leisten.«

»Punkt für Sie«, lachte Neuhaus. »Professor Fiedler hat einen Fall für Sie. Eine Behörde hat eine Beschwerde des Personalrats über die Luftqualität und Sie sollen dort mediieren.«

»Wie das? Mein Fachgebiet ist Wirtschaftsrecht, nicht Arbeitsrecht. Und Architektenrecht schon mal gar nicht.«

»Das weiß der Professor auch. Aber Sie sollen da weniger als Anwalt, sondern als Charmeur auftreten. Wünscht er sich.«

»Sagt er das so?«

»Nein, aber er meint es so.«

»Akte?«

»Auf Ihrem Tisch. Soll ich Ihnen einen Kaffee machen?«

»Nein, danke, er soll ja…«

»Schmecken, ich weiß.«

Reitmayr ging in sein Büro, schloss seine Tür und blickte aus seinem Eckfenster auf den Main. Das unablässige Fließen des Wassers beeindruckte ihn immer wieder. Es floss und floss und floss. In weichen, glitzernden Wellen. Der Welt war egal, was sie hier drinnen machten, sie wurden geduldet, mehr oder weniger, aber letzten Endes war alles egal, was sie taten, so laut sie auch aufbegehrten. Oder wie Thomas Bernhard mal gesagt haben soll, im Angesicht des Todes sei alles ein Witz. Ob Bernhard das mittlerweile immer noch so sehen würde?

Reitmayr ging an seine Siebträgermaschine und schaltete sie ein. Er mahlte frisch geröstete Bohnen, die Neuhaus aus dem Kaffeegeschäft in der Nähe des *Fratelli* geholt hatte. Dann klopfte er zur Sicherheit den Siebträger nochmals aus und befüllte ihn mit dem köstlich duftenden Kaffeepulver. Reitmayr sog genüsslich diesen Duft ein, der so vergänglich war. Dann strich er den Pulverspiegel glatt, presste den Siebträgerkopf gegen die Metallplatte und verdichtete damit das Pulver. Dann drehte er den Kopf langsam unter die Maschine und ließ das Wasser durch das Pulver fließen. In seiner dickwandigen Espressotasse, die er aus der Toskana mitgebracht hatte, baute sich die Crema auf, das erklärte Ziel eines jeden anständigen Espressos. Er nahm die Akte und ließ sich in seinen *Eames-Lounge-Chair* fallen. Seit er sich einmal eins seiner maßgeschneiderten Grissler-Hemden mit heißem Espresso ruiniert hatte, setzte er sich nicht mehr so schwungvoll hin wie früher.

Der Fall war abstrus. Der Personalrat (wie sich der Betriebsrat in einer Behörde nannte) beschwerte sich über die Luftqualität in dem neu bezogenen Gebäude auf dem Riedberg. Die Fronten, so las Reitmayr kopfschüttelnd, seien verhärtet, es sei quasi ein Stellungskampf ohne Waffen. Gutachten waren hin- und hergeworfen worden und keine Partei wollte den gerichtlichen Weg gehen. Warum nicht, fragte sich Reitmayr. In seiner Fachwelt wurde gerne und viel prozessiert und sich bis aufs Blut bekämpft. Er las noch etwas weiter und wunderte sich, wie man sich beiderseits so ereifern konnte. Dennoch war seine Empathie ganz automatisch auf Seiten der Geschäftsführung. Die Firmen, die er vertrat, hatten in aller Regel keinen Betriebsrat. Irgendwie wurde er das Gefühl nie los, dass diese Personalratsleute ein ganz spezieller Menschenschlag waren, die eigentlich nur die moralisch richtigere Geschäftsführung sein wollten. Also Cash verdienen, wichtig sein, aber gleichzeitig die Moral hinter sich wissen. Reitmayr beschloss, sich bei Fiedler direkt über den Fall zu erkundigen. Er legte sich Randy Newman auf seine *Bose*-Anlage, schloss die Augen und dachte an das Glitzern des Mains.

Das Vibrieren seines *iPhones* ließ in etwas verstört hochschrecken. An seiner Stirn rann Schweiß herunter und sein Hemd klebte an seinem Oberkörper. Er musste eine Zeitlang tief geschlafen haben, da die Sonne sich hinter dem Tower schon absenkte und die Hochhäuser lange Schatten über die Häuserdächer warfen.

»Ja?«

»Herr Reitmayr, störe ich?«

»Nein, Herr Professor.«

»Hat Sie der Fall mit der Luftqualität erreicht?«, fragte Fiedler. Reitmayr wusste, dass die Frage reine Höflichkeit war.

»Ja, ich habe mich auch schon eingelesen und weiß ehrlich nicht, was ich da tun soll.«

»Mensch sein.«

»Wie bitte?

»Sie haben richtig gehört: das was wir in diesen Türmen meistens nicht mehr sind. Menschen. Fühlende, verletzliche und verletzende Wesen. Obwohl: Verletzend zu sein ist unsere Profession. Sie sollen dort schlichten, sich Argumente anhören und Lösungsvorschläge erarbeiten. Als Mensch, nicht als Anwalt.«

»Hm.«

»Sie können das. Ich würde es selber machen, aber ich bin an der Verlängerung der beiden Großmandate beteiligt und an der Sache mit Herrn Burchardt.« Er räusperte sich. Reitmayr zog hörbar die Luft durch die Zähne.

»Herr Reitmayr«, hörte er Fiedler fast sanft sagen, »ich weiß nicht, wie lange ich diesen Konflikt noch deckeln kann. Burchardt hasst Sie, weil er meint, Sie nähmen diese Übernahme nicht ernst genug. Und er sitzt eben in den Aufsichtsräten der Unternehmen, deren große Mandate zur Verlängerung anstehen. Sie wissen, was das für diese Firma bedeuten kann. Nach außen wirken wir groß, nahezu *too big to fail.* Aber groß wurden wir nur, weil wir – wie alle da draußen – an entscheidenden Großmandaten hängen. Wenn die uns den Hahn abdrehen, geht hier das Licht aus. Für Sie ist das nicht relevant, Sie sind noch jung und könnten in einer anderen Sozietät unterkommen. Aber für Flachs, Delk und auch für mich kann es trotz bestehender Rechtsform den privaten Untergang bedeuten.«

Reitmayr rutschte im *Eames* nach oben. Diese Ansage war so deutlich, wie es in ihrer Welt sonst selten vorkam. Alles war immer tight, aufstrebend, auf dem besten Wege. Und so wunderte man sich ab und zu, wenn diese oder jene Großkanzlei plötzlich sang- und klanglos im Erdboden der Liquidation verschwand. Das hatte meistens eine der beiden gängigen Ursachen: Entweder wurden ertragreiche Teams innerhalb der Kanzlei zu erfolgreich, dann klinkten sie sich aus wie ein Speedboot aus einer Yacht. Oder man hatte sich, auf die sibyllinischen Versprechungen zweier Großmandanten verlassen und sich vom Fluss der einzelnen großen Summen zu unternehmerischer Faulheit verleiten lassen. Das Problem war nur: Wenn die relevanten Teams und die Ankermandanten abwanderten, war man erledigt. Dann war der aufgeblasene Körper der Kanzlei zu groß, trug sich nicht mehr und fiel krachend wie die Twintower in sich zusammen. Es war ein jahrelanges Setzen aufs Risiko und der immer schielende Blick auf den persönlichen Exit aus der Berufswelt und damit die Übergabe der Verantwortung an andere. Für Flachs, Delk und Fiedler würde es nun, kurz vor ihrem beruflichen und finanziellen Exit, einer Katastrophe gleichkommen.

Reitmayr richtete sich weiter auf und rückte den Kragen seines Hemdes zurecht.

Nach dem langen Telefonat mit Fiedler nahm sich Reitmayr einen Rum, einen fruchtigen *Don Papa*, aus dem Schrank und goss sich einen Schluck in das mundgeblasene Kristallglas. Dann ging er an den Kühlschrank, nahm die glasklaren Eiswürfel heraus und warf zwei davon in den Schwenker. Dann glitt seine Hand wieder in den Kühlschrank, und er nahm eine frische Zitrone heraus. Dazu ein frisch geschärftes Obstmesser. Es glitt durch die frische Zitrone wie durch Butter. Reitmayr sog den Duft dieser perfekten Zitrusfrucht auf, die Constanze Neuhaus immer für ihn in der Kleinmarkthalle bei *Matteo* kaufte. Das Messer schliff er sich regelmäßig selber. Auch das hatte ihm Fiedler beigebracht. Nie war im Haushalt seiner Eltern je ein Messer geschärft worden. Schade eigentlich, wenn man wusste, was es für eine Erleichterung, gar Genuss es war, mit einem scharfen Messer Obst und Gemüse zu schneiden. Der Zitronensaft tröpfelte auf die Eiswürfel, die aus dem Rum herausragten. Er schwenkte die Flüssigkeit und lehnte sich gegen das Fensterglas. Nur ein wenig müsste es nachgeben, dann wäre alles vorbei. Wie mit der Kanzlei, von der ihm nun ein Teil gehörte. Ein Teil zu viel vielleicht.

VIII

Vanessa war ihm im Sommer in der *Beachbar Mangold* auf dem Parkdeck in der Nähe der Hauptwache aufgefallen. Sie hatte an der Theke gelehnt und entnervt auf ihrem *iPhone* herumgewischt. Anders als viele andere Frauen surfte sie nicht auf der Cashwelle irgendeines Berufskollegen, sondern zahlte aus ihrer *Dior*-Handtasche, die wie eine Flunder aussah, ihre Drinks selbst. So etwas sah man hier selten.

Reitmayr schüttelte den Kopf und schaute kurz weg, als er mit einem Mal ihre Füße sah. Er selbst hatte mit dem Blick Richtung Bar auf einer als »fancy« definierten Orangenkiste gesessen und gegen seine Müdigkeit angekämpft, wie fast alle hier, die einen auf »after work« machten. Denn entweder waren sie von ihrer Arbeit schwer erschöpft, die ja auch im Urlaub nicht aufhörte (und kein intrinsischer Impetus mehr war), oder sie waren mit ihrer Arbeit noch gar nicht fertig, sondern es war statt eines »after work« ein »between work«. Sie nahmen ein, zwei, drei Drinks und gingen dann wieder an ihre Charts, Papers oder Urteile. Die Leistungsfähigkeit wurde mit einem Heer an Koffeintabletten oder anderen Substanzen sichergestellt. Was er hier mache, hatte sie ihn unvermittelt gefragt, und das auf eine gewisse kecke

Art. Sie hatte wirklich vor ihm gestanden und das gefragt. Er war ernsthaft verwundert gewesen und meinte: »Wohl das Gleiche wie Sie. Eine wie auch immer geartete Form der Zerstreuung.«

»Aha«, hatte sie gesagt. Mit Allgemeinplätzen war Vanessa nicht zufriedenzustellen. »Ok, Sie haben recht, ich versuche, mit meinem Anzug nicht wieder an einer dieser fiesen Schrauben an den Orangenkisten hängenzubleiben.«

Dann hatte er ein allzu schiefes Grinsen aufgesetzt. Ihre Augen waren kühler gewesen, aber sie hatten einen Blick, der nicht nach der Goethestraße suchte. Ihre Augenbrauen hatten einen besonderen Knick und die Beine waren nicht lang, aber voller Anmut. Gedankenverloren kniff er sich in den Unterarm, weil er sich diese romantische Beschreibung selbst nicht abkaufte. »Sie tragen auf Maß«, hatte sie in einer Mischung aus Bestimmtheit und Fragestellung gesagt. »Maßkonfektion«, hatte er geantwortet, »*Zegna*, um genau zu sein.« »Sieht man«, hatte sie geantwortet. »Wirklich? Ich glaube, die wenigsten Menschen in der Taunusanlage sehen das meinem Anzug an, wenn ich die S-Bahn nehme.«

»Glaube ich nicht«, hatte sie geantwortet.

»Was?«

»Dass Sie die S-Bahn nehmen.«

Die Beachbar schloss, und sie waren ins *Moon19,5* weitergezogen. Eine Bar mit morbidem Charme. Der Name stammte noch von einem früheren Besitzer, es donnerte Techno aus den Lautsprechern, die Heizpilze hatten wie Schlangen einen warmen Strahl auf ihre Schultern gezischelt. Ihr weitgefasstes helles Kleid hatte keine Rückschlüsse auf ihre Figur zugelassen. Erst als er durch Zufall auf die Uhr blickte, bemerkte er, dass es schon fast vier Uhr morgens war. Seine Müdigkeit war verflogen, und er unterhielt sich seit langer Zeit wieder einmal mit einer Frau länger als eine Stunde über sprichwörtlich Gott und die Welt. Vanessa war zweiunddreißig, Wirtschaftsprüferin bei einer der Big Four (sie unterließ es, den Namen der Firma zu erwähnen). BWL-Studium in der Schweiz. MBA in London. Beste Ausbildung, bei unklarer Herkunft. Sie hatte es im Griff. Die Kostenrechnungen, auf die käme es an, hatte sie mit Bestimmtheit gemeint. So wirkte es auf Reitmayr zumindest, der bei der Beurteilung von Dritten kritischer war, als es für das gemeinsame Verleben von Zeit hätte sein müssen. Aber er war lieber desillusioniert als hinterher enttäuscht. Sie hatte ihre dunkelblonden Haare mit dem Haarband zu einem Zopf auf einer Kopfseite zusammengefasst, was ihm wie eine leichte Reminiszenz an die Achtziger vorkam. Ihr Handgelenk schmückte eine klassische *Rolex Milgauss* in Herrengröße. So weit, so gewöhnlich. Seit fünf Jahren war sie in Frankfurt tätig und inzwischen Senior Consultant. Doch im Gegensatz zu einem Großteil ihrer Kollegen bei den Big Four, war sie fast ausschließlich im Frankfurter Büro tätig und nicht ständig auf Reisen. Reitmayr hatte sich verwundert gezeigt, worauf sie nur konterte: »Ich kann eben meinen Job, dazu muss man nicht reisen.« Reitmayr hatte versucht, nur nach innen zu staunen. Sie hatte sich erhoben und entschuldigte sich einen Moment. Reitmayr zwang sich, nicht auf die Uhr zu schauen und zu raten, was sie auf der Toilette, in die er sie im Augenwinkel hatte verschwinden sehen, machte.

»So, lieber Frederic«, sagte sie abgrenzend nach ihrer Rückkehr, »wie du weißt, auf die Kostenrechnungen kommt es an. Es war mir eine Freude«, und erhob sich. Sie hatte ihm mit der *Rolex*-Hand über die Schulter gestrichen und war gegangen. Reitmayr war so irritiert gewesen, dass er weder etwas gesagt noch das Gesicht verzogen und schon gar nicht auf ihren Po geachtet hatte. War das jetzt alles? Ein nettes Gespräch, eine coole Geste, und dann ciao? Das neue »Ich ziehe ihn auch wirklich vorher raus«?

Immer noch perplex, hatte er mechanisch die Hand nach der Rechnung gehoben.

»Ja?«, fragte die gepiercte Kellnerin mit den tätowierten Flügeln im Dekolletee gelangweilt (sie trug einen Nasenring wie seine Assistentin).

»Die Rechnung, bitte.«

»Achso«, hatte die Bedienung geantwortet.

Kurz darauf kam sie wieder. »Die Dame hat schon bezahlt. Hier die Rechnung. Zum Absetzen.«

Reitmayr hatte das Papier genommen und darauf geblickt. Da hatte mit Kugelschreiber (er hätte wetten mögen, dass es eine B-Kugelschreibermine in Navy aus einem *Mont Blanc Meisterstück Midsize* gewesen war) gestanden: »Auf die Kostenrechnung kommt es an. Vanessa.« Und ihre Telefonnummer. Reitmayr hatte über die Buchstaben gewischt, als wenn er sich vergewissern wollte, dass es keine Täuschung war. Er verstaute die Quittung fein säuberlich in seiner Brieftasche und griff nach seinem *iPhone*.

»Hi Laura, komme heute nicht mehr, Kopfschmerzen. Kennst du ja«, tippte er eilig.

IX

Das Chassis des *TT* knatschte, als er die Rampe der Behörde herunterfuhr. Seine Augen weiteten sich vor Wachsamkeit. Diese Rampe zur Tiefgarage war steil und in sich gedreht. Reitmayr war froh, dass kein Raureif lag, und hoffte, dass der *TT* nicht kurz vor Rückgabe einen elementaren Schaden davontrug. »Gar keinen Bock drauf«, formulierte er ohne Zuhörer. Der *TT* kam auf dem Gästeparkplatz zum Stehen, Reitmayr schaltete per Knopf den Motor aus. Er trommelte auf das lederne Lenkrad. Fast hätte er sich auf den Parkplatz mit dem Schild »Präsident« gestellt. Schien sowieso selten genutzt. Er hatte es aber dann doch unterlassen, weil der Präsident, wie ihm dann doch noch einfiel, ein alter Schulfreund von Fiedler war. Deshalb war er ja überhaupt nur hier. Weil Fiedler ihn gebeten hatte, vielmehr hatte bitten lassen, hier nicht als Anwalt, sondern als »Charmeur«, wie die Neuhaus es formulierte, zu wirken. »Na dann!«, rief er aus und ruckelte sich aus der Tiefe des Sportsitzes. Er ließ die Tür zuschlagen und schloss dabei die Augen, um den satten und bewusst satt designten Sound zu genießen. So elegant wie die Tür schloss, wollte er den Fall in dieser Behörde so schnell wie möglich abschließen.

Behörden machten ihn müde. Dieser Starrsinn, diese – wie Fleischstücke in Aspik – im Selbstzweck säuerliche Rechthaberei. Man war hier, weil man musste, nicht weil man wollte. Er nahm aus dem Kofferraum seine braune Rimowatasche. Sie war neu, denn seine silberne war der Beißattacke eines Hundes im Grüneburgpark zum Opfer gefallen. Der Hund, ein eigentlich kleiner Kläffer, hatte sich wohl geirrt, als er anstelle des silbernen Fußballs, der kurz vorher dort vorbeigerollt war, Reitmayrs Tasche angegriffen hatte, als dieser, nichts Böses ahnend, gerade eine dieser neumodischen Bowls in sich reinschaufelte. Dem Hundebesitzer war die Schamesröte ins Gesicht gestiegen, die Klärung war reibungslos verlaufen. Und Reitmayr hatte sich für die kaffeebraune Taschenvariante als Ersatz entschieden. »Sie trinken doch sicher gern guten Kaffee«, hatte die Verkäuferin im Koffergeschäft an der Hauptwache gesagt. Das hatte ihn überzeugt. Stellte sich nur noch die Frage, ob er mit den Behördenleuten auch so leicht klarkäme, oder ob sie ihm seine neue Tasche zerbissen - oder seine Nerven.

Der Fahrstuhl war mit Holzfurnier verkleidet, zwei Damen in losen Shirts wankten im Erdgeschoss mit in den Fahrstuhl. Für sie gab es keine Alternative zur Behörde. Ohne diese wären sie der fordernden Realität schutzlos ausgeliefert gewesen. Naschfutter des Kapitalismus. Hier lebten sie unter der Dunstglocke der Unkündbarkeit bis an ihr Berufsende, was meistens synchron mit ihrem Lebensende einherging. Denn so wenig sie hier in der Berufswelt reüssierten, so wenig taten sie es auch im normalen Leben, das für sie von scheinbaren und tatsächlichen Beschwerlichkeiten und Verpflichtungen nur so strotzte. Doch was würden diese Menschen ohne die Geißeln des Alltags machen? Vermutlich springen, hatte Fiedler einmal in einem seiner seltenen zynischen Momente gesagt. Da müsse man nur einmal mutig sein – und nicht jeden Morgen erneut.

Der Sitzungssaal war einem Innenarchitekten zum Opfer gefallen, anders konnte man das nicht nennen, was hier beim Interieur versucht worden war. Der Charme des neuen Gebäudes sollte verbunden werden mit stilistischen Anleihen aus dem früheren Gebäude, das der Behörde jahrzehntelang als Ameisenhaufen zur Verfügung gestanden hatte. Nur war dieses Gebäude vom Stil her wirklich waffenscheinpflichtig gewesen. Es gab grau-braune Holzvertäfelungen und falschen Stuck an der Decke. Und nun fand sich, eingearbeitet in die modernen Besprechungstische, eben dieses abgerockte Holz wieder, das jeder normale Mensch bei einem Umzug gerne hinter sich gelassen hätte. Reitmayr setzte sich auf den Stuhl mit Blick Richtung Tür. Er wollte immer den Raum im Ganzen, und vor allem die Tür, im Blick haben. Viele Kollegen setzten sich so hin, dass sie den Ausblick genießen konnten. Das war auf dem Riedberg sowieso müßig, und selbst wenn der Ausblick eines dieser Weitsichtpanoramen hergab, so sah Reitmayr sich doch bei der Arbeit dem Mandanten zumindest mit seiner Aufmerksamkeit verpflichtet – wenn schon nicht mit seinem Interesse.

Er wackelte in so einem ergonomischen Sitzungsstuhl und strich sich das Revers glatt. Seine Schuhe waren frisch geputzt. Die Monks glänzten auch nach zehn Jahren noch. Die intensive Pflege der Lederschuhe hatte sich ausgezahlt. Doch so langsam gaben sie dennoch den Geist auf. Reitmayr haderte schon länger mit der Frage, wie er seine Boots, seine Oxfords und die Monks ersetzten sollte. Natürlich könnte er am Goetheplatz wieder in die Traditionsschuhhandlung gehen. Aber wie bei dem *Porsche*, drängte ihn eine unsichtbare Hand nach mehr. Und mehr hieß in diesem Falle eben auch wirklich besser: ein handgemachter Leisten. Ein individuell für den Fuß des Besitzers gemachter Schuh mit einem hölzernen Leisten, der exakt der Fußform seines Trägers nachempfunden wurde. In einer dieser Zeitschriften, die mehr aus Werbung als aus Berichterstattung bestanden, hatte er über einen kleinen Laden in Wien gelesen, der seit Jahrzehnten Schuhe mit der Hand fertigte. So ein Leisten, schien Reitmayr, wäre wirklich eine Investition wert. Denn wenn einmal angelegt, so wäre die Nachproduktion von Schuhen umso einfacher. Und die richtige Passform der Lederschuhe war ihm nach anfänglichen Debakeln wichtig. Wie viele Blasen hatten seine billigen Schuhe vollgeblutet. So schmerzhaft, dass er beim Mandanten hoffte, nicht aufstehen und gehen zu müssen. Es war wieder Fiedler gewesen, der ihn ersatzväterlich darauf hinwies, dass es Zeit für »anständige« Schuhe sei. Die tausendzweihundert Euro für seine ersten *John Lobbs* hatten ihn mit der EC-Karte noch zögern lassen. Doch nach einer kurzen und wenig schmerzhaften Eintragezeit wusste er, dass seine Füße es ihm dankten. Nicht dass diese Schuhe jemals so bequem waren wie seine Sportschuhe, aber sie konnten wie ein guter Anzug zu einer stilvollen zweiten Haut werden. Viele einfache Anwälte in seiner Firma trugen über Jahrzehnte solche Billigschuhe und behalfen sich damit, sie immer dann auszuziehen, wenn man es nicht sah. Aus der untersten Schublade des »desk containers« quollen daher gerne wahre Schuhsammlungen hervor, und zwar mitsamt dem Geruch, den diese Plastikformen halt verursachten.

»Sie sind Herr Reitmayr. Herr Doktor Reitmayr?«, sprach ihn eine weibliche Stimme mit einem Klang von Seife an.

»Ja, Reitmayr von *Flachs & Delk*. Reitmayr reicht.«

»Herr Doktor Reitmayr, gerne. Ich hoffe, Sie haben gut hergefunden. Die Kollegin am Empfang«, sie räusperte sich und es war ihr sichtbar peinlich, »hätte Sie heraufbringen lassen sollen.« Reitmayr wusste, dass die Frau am Empfang das niemals hinbekommen hätte.

»Übrigens, ich bin Sibylle Treppner. Vom Personalrat.« Sie schüttelten sich die Hände. »Sie sehen jünger aus als ich dachte«, meinte Treppner unvermittelt. Sie hatte die Fünfzig schon überschritten, wirkte aber ein wenig agiler als die wankenden Zombies, mit denen er vorher im Fahrstuhl gestanden hatte. Vielleicht durfte sie als Sachbearbeiterin mehr als zwei Buchstaben im Alphabet bearbeiten. Reitmayr blickte ratlos und doch heimlich geschmeichelt. Jetzt, mit fast Mitte Vierzig, waren ihm Komplimente gar nicht mehr so unrecht. »Naja«, fuhr sie fort, »für einen Schulfreund des Präsidenten.« Sie kicherte. Das war für sie für die nächsten Wochen wahrscheinlich der wichtigste Moment ihres Alltags.

»Nein, nein«, sagte Reitmayr, »der Schulfreund des Präsidenten ist Herr Fiedler. Ich bin einer der Partner von *Flachs & Delk* und werde versuchen, Ihnen zu helfen.«

»Ah, ach so, ich wunderte mich schon. Wir waren erst skeptisch, dass Hilfe ausgerechnet von der Arbeitgeberseite kommen sollte. Aber unser Personalratsvorsitzender riet uns dann doch dazu.«

Ja, warum – das konnte sich Reitmayr schon vorstellen. Der Vorsitzende, Ronald Stöschner, wie er in der Akte gelesen hatte, war zwar Vorsitzender des Personalrats, aber der Arbeitgeberseite näher als gedacht, da er mit Fiedler und dem Präsidenten der Behörde im gleichen Frankfurter Golfclub spielte. Woher der Teamleiter einer Behörde und jetzt freigestellte Vorsitzende des Personalrats die Sign-Up-Fee von dreißigtausend Euro für die Mitgliedschaft hatte, wollte Reitmayr gar nicht so genau wissen. Wie er aber in der Akte gelesen hatte, standen bald Wahlen zum Personalrat an. Kurz vor seiner Rente wollte Stöschner noch die Legislaturperiode von vier Jahren auf dem bequemen Sessel des Personalratsvorsitzes mitnehmen, bevor er sich in den Ruhestand verabschiedete. Reitmayr vermutete, dass er bereits jetzt schon Beraterverträge hatte und damit ruhiggestellt wurde. Im Gegenzug musste er für seine Wiederwahl den Schein wahren und die Arbeitnehmerrechte verteidigen. Denn seinen stillen Nebentätigkeiten hätte er in seinem eigentlichen Job nicht nachgehen können. So musste denn wohl die Wiederwahl durch diese innerbetrieblich aufsehenerregende Aktion gesichert werden. Stöschner feierte sich in den innerbetrieblichen Medien als Retter des Klimas für die Angestellten. Die Zombies liebten ihn dafür.

Stöschner begab sich behäbig auf seinen Platz, nachdem auch er Reitmayr die Hand geschüttelt hatte. Der Rest der Sitzung war nichts anderes als ein Gezerre um Pfründe, Wahrnehmung und Geltungsbedürfnis. Allen war klar, dass an der Lüftung des Gebäudes nichts geändert werden konnte. Und wenn, dann nur mit dem Einsatz erheblicher und irrational hoher Mittel, für die es keinerlei Rechtfertigung gab. Denn es fiel ja niemand tot um, und es war auch nicht zu erwarten, dass das in den nächsten Jahrzehnten wegen der Lüftung passieren würde.

Reitmayr war enttäuscht. Hier war weder etwas Juristisches noch etwas Klärendes möglich. Nur das Liebhaben von Erwachsenen, die sich dem Wunsch ihrer Eltern gebeugt hatten, nur ja beruflich etwas Sicheres zu machen, um dann Jahrzehnte später hier zu erwachen. Mit schmerzender Hüfte und einem grauen Gefühl im Kopf.

X

Seydler war aufgeregt wie ein Teenie. Schon den ganzen Tag summte und brummte er durch die Gegend, brachte Akten zu Kollegen und wippte beim Einlesen in einen neuen Fall rhythmisch die Füße zur Musik auf seinen Kopfhörern. Sie hatte »ja« gesagt und wollte mit ihm Essen gehen. Sie hatten sich auf der Arbeit kennengelernt, bei einem kurzen Besuch. Seydler überlegte, wie so ein Kennenlernen biochemisch ablief. Wieso sah man sich gelegentlich immer mal wieder, und nichts passiert. Und dann ist da plötzlich diese Stimmung, bei der man weiß, dass man diese Person auch privat gern wiedersehen würde. Sehr wahrscheinlich sogar auch, wenn sie sich neben einem im Bett umdreht? Er hatte eine neue blaue Chinohose an, sein Hemd war von Leila frisch gestärkt. Auf Leila schworen Reitmayr und Seydler seit Jahren. Wenn man eine Managerpersönlichkeit hätte auszeichnen sollen in Frankfurt, dann Leila. Sie hatte ihre Wäscherei in der Nähe des Hauptsitzes der *Deutschen Bank*. Heute war dieses Bankhaus, das den Namen des Landes trug (wie einst Hilmar Kopper voll retrospektivem Stolz feststellte), ein Riese mit schwerem Gepäck. Darin tausende von Prozessen. Schade, dachte Seydler. Wenn er Investmentbanker geworden wäre, dann hätte er gerne bei der *Deutschen Bank* angefangen. Ihm war schon immer nicht nur das Geld, sondern auch das Prestige eines Arbeitgebers wichtig gewesen. Bei der *Deutschen Bank* hätte damals beides gestimmt. Er entschied sich dann aber doch für Jura, weil er wissen wollte, was seine Rechte waren. Er kam, anders als Reitmayr, nicht aus so einfachem Hause.

Seydlers Eltern waren gebildete Menschen. Die Mutter Philosophin, sein Vater Biologe. Beide Fächer waren ihm zu bildungsbürgerlich verkopft, und grade seine Mutter war ihm mit ihrem Forschungsgebiet, den Grenzen der Transzendenz, eindeutig zu weit vom Brot-und-Butter-Geschäft des Lebens entfernt. Seydler wollte nachschlagen können, wo die Grenzen einer Sache waren, wenn er es selbst nicht genau wusste. Er wollte, dass Menschen die Sachverhalte vor ihm schon einmal durchdacht hatten und die Ausbrüche nicht zu exponentiell gerieten. In der Biologie, dem Beruf und Steckenpferd seines Vaters, kam neben der Unberechenbarkeit bei der Entdeckung neuer Tiere auch der Ekel vor der Vergänglichkeit der Dinge dazu. Wie Maden alles wieder zu Erde verwandelten und alle Materie aus etwas bestand, das wieder zu zig Millionen Teilen zusammengesetzt wurde. Da war es ihm lieber, im gedruckten Fischer-Kommentar stundenlang nach einer Erklärung festgelegter Paragraphen zu suchen und an einem sauberen Schreibtisch zu sitzen. Der Vergänglichkeit war er auch im Persönlichen gram, auch wenn er nicht jung sein wollte. Die Jungen sahen optisch nach außen hin gut aus, waren aber so schwer von der eigenen Orientierungslosigkeit beladen, dass Seydler dorthin nun wirklich nicht zurückwollte. Nur das Haupthaar, das hätte er seinen Zwanzigern gern abgeluchst. Es lähmte ihn im Alltag zu wissen, dass seine Kopfhaut den Menschen bekannter war, als ihm lieb war. Millionen Männer weltweit hatten dieses Problem, aber das machte die Probleme noch lange nicht leichter. Das sah Seydler aus Erfahrung anders. Lichtes Haar wirkte in seinem Beruf vertrauenserweckend, weil keiner einen jungen und damit per se unerfahrenen Anwalt wollte. Andererseits zeigte es der Damenwelt, dass die Gene für die zukünftige Optik nicht allzu ideal waren. Sein Freund Reitmayr war mit dichtem Haar gesegnet und schätzte es nicht. Er, Seydler hingegen, würde es schätzen und hatte es nicht. Das war immer eine sehr ärgerliche Situation, wollte er doch auf seinen Freund nicht neidisch sein. Man konnte ja jeweils nichts für die Vor- oder Nachteile der eigenen Physis. Aber er wusste auch, dass die Gesellschaft lichtes Haar einfach nicht gerne sah. Nicht umsonst trug Sean Connery in den *James Bond*-Filmen ein Haarteil. Er hatte zwar noch Haare (und gar nicht so wenige), aber für die Produzenten dann doch zu wenig *dichtes* Haar. Daher bekam er ein Toupet, was Seydler auch schon gegoogelt hatte, die Idee dann aber verwarf, weil er es als zu affektiert empfunden hätte. Außerdem waren die Geschäfte, in denen man solche Haarteile erwarb, allzu morbid.

Abholen sollte Seydler sie, ihr Chef sei heute auf Termin und sie würde sich freuen, den Weg zu ihm gemeinsam zu Fuß zurückzulegen. Seydler ließ sich bei seiner Assistentin für heute entschuldigen. Frau Weber nickte nur geistesabwesend. Sie betreute gleich vier angestellte Anwälte und war froh, wenn so wenige wie möglich anwesend waren. Er schnappte sich seine olivgrüne Barbour-Jacke, lief über den Opernplatz und bog an der Hauptwache scharf nach rechts Richtung Kleinmarkthalle ab. Er kaufte bei Matteo, den Reitmayr ihm empfohlen hatte, sonnengereifte Tomaten, Koriander, Zitronen und Rucola ein. Dann ging er weiter zu Wurst-Schreiber und gönnte sich erstmal eine Rindswurst mit Senf. Seit mehr als fünfzig Jahren verkaufte Frau Schreiber werktäglich aus dem heißen Wasser ihre Würste und hatte immer einen patenten Spruch parat. Nachdem er die Wurst gegessen hatte, ging er weiter zu seinem Stammmetzger und besorgte Parmaschinken und Kalbfleisch fürs Vitello tonnato. Als Hauptgang plante er hausgemachte Pizza ohne Käse (das wiederum hatte er von Michel Friedman gelernt), dafür einer selbstgemachten Tomatensauce, Parmaschinken und Rucola. Das Ganze übergossen mit fruchtigstem Olivenöl, das Matteo ihm unter der Hand verkaufte. Mit Papiertüten beladen ging er nun den ganzen Weg zurück und bog nach rechts in die Oberlindau, Richtung seiner Wohnung. Er räumte alles in den Kühlschrank und drapierte die wichtigen Dinge schon jetzt in Griffweite. Er wollte möglichst wenig dem Zufall überlassen, auch nicht die Verhütung. So legte er die für seinen Geschmack idealen Kondome an für ihn sinnvolle Griffplätze. Er ging unter seine bodentief eingelassene Dusche und ließ das heiße Wasser über sich rauschen. Beim Duschgel griff er zu einem neutralen. Er benutzte gerne fruchtige Gele, erinnerte sich aber an Reitmayr, der einmal voller Ekel reagierte und das Fenster des TT demonstrativ runterließ, als Seydler zu ihm ins Auto gestiegen war. »Ist eine Ananas auf dir explodiert?«, hatte er gefragt und danach das Lüften trotz niedriger Temperaturen bis zum Zielort aufrechterhalten.

Er zog sich frische Unterwäsche an, während Marc Antoines »Unity« die hohen Räume erfüllte. Er zog das Hemd vor dem Spiegel straff und fuhr sich durch das Haar. Mit dem Makel reüssieren, hatte er beim Zahnarzt in der Yellow Press gelesen. »Na, dann wollen wir mal«, rief er sich Mut zu. Reitmayr konnte er in dieser Sache nicht um Beistand bitten. Da musste er alleine durch.

XI

Reitmayrs Telefon klingelte. Er saß im *Fratelli* und war mit seiner heutigen Lunchwahl unzufrieden. Der Rucola-Salat war belanglos, die Tomaten zu wenig und der Mozzarella zu klein. Dann kam als Hauptgang eine Frikadelle. Er hatte sich schon gewundert, dass im *Fratelli* eine Frikadelle einen Hauptgang führen sollte und erwartete etwas ganz Besonderes. Aber es war halt doch nur eine Frikadelle. Sicher, sie war handwerklich gut gemacht, auch sicherlich aus gutem Fleisch. Aber eben ein Fleischklops. Reitmayr ließ sich von Tero noch etwas von dem feinen Kartoffelstampf und der geschmacklich breit gefächerten Bratensauce reichen. Die halbe Frikadelle ließ er liegen.

Von Seydler hatte Reitmayr seit Tagen wenig gehört. Ein paar Anstandsmessages per *WhatsApp*, mehr nicht. Dennoch schien Seydler jetzt am Telefon irgendwie beschwingt, wollte aber nicht mit Informationen aufwarten. Reitmayr ließ ihn. Das war für ihn Stil. Nachfragen im Privaten, das war seine Sache sicher nicht. Mit den Fingern umfuhr er den Rand seines *iPhones* und dachte an den Termin, der ihn nach dem Mittagessen erwartete. Auch das hatte er wieder Fiedler zu verdanken. Delks Sohn verehrte einen dieser sogenannten *Youtube*-Stars, und dieser hatte wegen irgendwas Ärger mit der Justiz bekommen.

Reitmayr hatte sich nicht die Mühe gemacht, in die Akte zu schauen, die Delk verfertigt und an Fiedler gegeben hatte, der sie wiederum direkt ihm zuteilte. Er sei ja der jüngste Partner und müsse der Kanzlei den kessen Touch der Internetaffinität verleihen. Aha, konnte er da nur sagen. Fiedler machte ihm allerdings eine Vorgabe: »Sagen Sie niemandem etwas von diesem Mandat, auch und gerade nicht Ihrer Assistentin.« Da er Fiedlers Rat ernst nahm, hatte Reitmayr den Termin nur als »Akten sortieren« eingetragen und der Neuhaus gesagt, dass er sich zum Aufräumen animieren wolle. Sie nahm das zur Kenntnis, dachte wahrscheinlich, er würde irgendeine Liebschaft pflegen. Es könnte sein, hatte Fiedler ihm erklärt, dass die jüngeren, weniger distinguierten Kollegen eine Art firmeninternen Flashmob veranstalten würden, wenn sie wüssten, wer da zu ihnen kommt. Sie würden versuchen, diese »Ikone des Internets« (wie Fiedler irgendwo gelesen hatte) mit eigenen Augen zu sehen. Reitmayr hatte nur mit den Augen gerollt und den Namen nicht mal gegoogelt. Kein Bock, dachte er. Er wusste nicht, wie sehr er mit dieser Null-Bock-Einstellung seinem zukünftigen Mandanten unfreiwillig ähnelte.

Seydler kam die Straße herunter und wusste nicht, wie er sich verhalten sollte. Zu sich, zu seinem Date und zu der Straße, auf der er nun stand. Direkt im Büro wollte er sie dann doch nicht abholen, das hätte zu viele Fragen aufwerfen können. Auch wenn sie allein war, wie sie beteuerte. »Habe noch was zu tun, komm doch bitte hoch«, schickte sie ihm per Sprachnachricht. Die Form dieser konservierten Audio-Konversation hatte er erst durch sie kennengelernt und wirkte darin anfangs steif wie beim Diktat einer Schriftsache. Sie hatte ihm inzwischen eine gewisse Form der Lockerheit beigebracht. Er ging am Portier im Erdgeschoss vorbei, nickte, während dieser aus seinen immer müden Augen kurz zu ihm hinüberblickte. Es war besonders harte Arbeit, so schien es, wenn man keine wirkliche Aufgabe hatte und dennoch da sein musste. Wenn man auf diesen einen Moment wartete, in dem die eigene Anwesenheit doch einmal wichtig würde.

Seydler düste per Aufzug in den fünfzehnten Stock, ging an den *Flachs & Delk*-Empfang und sagte das Sprüchlein, das er immer sagte. Er sei, wie man im Juristischen sagte, von Person her bekannt, und sogleich konnte er dann auf die betreffende 12. Etage fahren. Eine Blume zur Begrüßung hatte er sich verkniffen. Weder wollte er altbacken wirken noch in seinen Intentionen ertappt werden. Stattdessen hatte er eine kleine Packung Schokolade von *Valrhona* in seine Ledertasche gesteckt, nebst einer kleinen Karte aus handgestrichenem Papier.

Sie saß an ihrem Arbeitsplatz in einem Großraumbüro, so wie er es von den meisten Kanzleien kannte. Ihr Haar hatte sie zu einem Dutt zusammengefasst, große Ohrringe zogen ihre kleinen Ohrläppchen in die Länge. Sie hatte ein Lächeln aufgesetzt und wirkte sehr natürlich im

Vergleich zu den anderen Assistentinnen. Keine lackierten Fingernägel, kein auffälliger Lippenstift oder diese peinlichen künstlichen Klebe-Wimpern. Sie hatte ein Batikshirt an, das ihren großen Busen kaschierte, und eine schwarze Stoffhose, die wiederum nach Kanzleistil aussah.

Reitmayr lief derweil zu Fuß zurück in die Kanzlei. Kurz bevor er bei der Kanzlei ankam, hörte er das Aufheulen eines *McLaren* und überlegte, welcher asoziale Neureiche da wieder seinen Ego-Trip auslebte. Leicht perplex sah er dann, dass dieser Wagen in die Tiefgarage des *Flachs & Delk*-Hochhauses einfuhr und dabei im Leerlauf mit dem Gas spielte. Reitmayr betrat das Haus und wechselte ein paar Sätze mit Frank, der im Erdgeschoss die Funktion eines Portiers nach amerikanischem Vorbild übernahm. Er hoffte, dass Frank nicht wegen seiner Hautfarbe eingestellt worden war. Seine Eltern waren vor zig Jahrzehnten aus Ghana eingewandert. Frank war in Rüsselsheim geboren und hatte mit Ghana überhaupt nichts mehr zu tun, aber viele Besucher buchstabierten ihm ihr Anliegen, als hätten sie einen Schwachsinnigen vor sich, um dann mit den anerkennenden Worten, er spreche aber gut Deutsch, das Gespräch zu beenden. Frank war es leid, so behandelt zu werden, es machte ihn müde. Jetzt war er für die Leute nicht nur der Fremde, sondern auch noch der müde Fremde. Die Fremden hatten ja einen langen, beschwerlichen Weg hinter sich und mussten folglich müde sein. Reitmayr schüttelte innerlich den Kopf über die dummen Leute.

»Ey, Bruder, guten Tag!«, schallte es durch die Eingangshalle, als der Fahrstuhl aus der Tiefgarage kam und die Tür sich geöffnet hatte. Reitmayr wusste sofort, dass dieser Ruf nur von dem Assi mit dem *McLaren* kommen konnte und drehte sich missmutig in Richtung der Raucherstimme. Seine Vermutung bestätigte sich in aller Härte: Jogginghose, Sportjacke, goldene *Rolex*, Goldkette und Basecap. Himmelherrgott nochmal, wie konnte man nur einem Negativklischee so sehr entsprechen? Im Gegensatz zu den gut situierten Leuten, die sich sonst in der Empfangshalle tummelten, adressierte dieser Prolet den farbigen Portier allerdings so, als sei er ein ganz normaler Kumpel von früher.

»Hier, ich muss zu so einer Kanzlei, Digga!«, fuhr er fort. »Irgendwas wie Fach und Dach. Muss was klären, sagt mein Management. Der Anwalt heißt, Moment, ich schaue nach«, er blickte auf sein *iPhone*. »Reitmayr oder so.« Frank lächelte.

»Der ist schon da. Er steht neben Ihnen.«

Reitmayr musste sich zusammenreißen, um nicht mit den Augen zu rollen. Diesen Typen mitsamt seinen vermutlich undurchsichtigen Problemen hatte ihm also Delk durch Fiedler aufs Auge drücken lassen. Jackpot.

»Reitmayr mein Name, guten Tag«, blieb er bewusst förmlich.

»Gude, was geht, ich bin Leonhard«, rief dieser Herr mit Fusselbart und rundem Gesicht aus. Sein Haar war mal irgendwas wie Ocker gewesen und kippte in den Spitzen deutlich zu grau.

»Ich soll Sie beraten, hat man mir gesagt.«

»Jaja, Scheißdreck, alles erstunken und erlogen. Mit dem Erfolg kommen die Neider, kennen Sie sicher auch. Die machen Auge!« Dabei haute er Reitmayr unvermittelt so stark auf die Schulter, dass dieser fast vornüberkippte.

»Wir gehen besser in mein Büro, da können wir in Ruhe reden.«

Innerlich rollte Reitmayr nur noch die Augen. Er hatte schon morgens geahnt, dass dieser Tag eher unterdurchschnittlich werden würde, und hatte seinen dunkelblauen Dreiteiler, ein frisch gestärktes hellblaues Hemd mit Doppelmanschetten und seine Single-Monks von *John Lobb* angezogen. Ebendiese hatte er am Vorabend höchst selbst geputzt. Dafür hatte er sich extra ein dreiteiliges Bürstenset gekauft. Ebenso weiße Handschuhe zum Einreiben der hochwertigen *Burgol*-Schuhcreme. Ganz ostentativ hatte er sich an die offene Schiebetür zum Balkon seines Penthouse gesetzt, zum Main hinübergeblickt und begonnen, die Schuhe mit einer groben Bürste vom Schmutz zu befreien. Dann folgte das Einreiben mit der Schuhcreme, die sich desto besser benutzen ließ, je wärmer sie war. Daher stellte er sie im Winter kurz auf die Heizung und im Sommer in die Sonne. Dann massierte er die halbweiche Creme liebevoll in das Leder seiner Schuhe ein. Da die Creme ins Leder einwirken musste, war er gezwungen, eine Champagnerpause einzulegen. Er schwor auf *Moët*, obwohl es eine Massenmarke war.

Aber irgendwann hatte er einst eine morbid wirkende Dame im *Café Meyerhoff* im Westend mit einer herrschaftlichen Lust einen »Mööööt« bestellen hören, und das hatte ihm den Anstoß gegeben, sich für die allseits bekannte Marke zu entscheiden. Im Gegensatz zu vielen seiner Berufskollegen, die sich von irgendwelchen »persönlich bekannten« Anwesen in der Champagne die Plörre in ihrem RS6-Avant herankarrten. Von der Umweltbilanz bei diesen Kurztrips ganz zu schweigen.

Nachdem er ein kühles Glas *Moët* getrunken und dabei einen *Messmer Cigarillo Brasil* geraucht hatte, ging er wieder an seine Schuhe. Durch die Schuhcreme hatten sie eine schwarz-matte Patina entwickelt, an der er roch und dieses unregelmäßige Muster bewunderte. Er nahm die zweite der drei Bürsten und fuhr mit ihr rhythmisch hin und her, vor und zurück. Immer flotter und immer wieder. Bis er sich in eine Art leichten Rausch bürstete und Schicht um Schicht von der Schuhcreme abtrug und teilweise in die Bürste und in das Leder der Schuhe einarbeitete. Auf die dritte und letzte Bürste freute er sich ganz besonders. Auch Zuschauer konnte man damit beeindrucken. Denn diese Bürste aus himmelweichem Yakhaar war einfach eine Zauberin. Wirkten die Schuhe schon nach der zweiten Bürste glänzend, so schaffte diese dritte nochmal ein Finish, das nah an der Wasserglanzpolitur lag. Es war ein Genuss, diese so weiche Bürste über das Leder gleiten zu lassen und zu sehen, wie sie das allerbeste Ergebnis aus dem Leder herausholte. Diese regelmäßige Pflege sorgte für eine

Konservierung der Schuhe, und zwischendurch reichte es oft, sie nur mit einem weichen Tuch abzureiben und die Partikel der Schuhcreme nochmals zu verteilen. Verpönt und der Untergang jedes guten Schuhleders waren die in Hotels gern angebotenen »Schuhglanzschwämme«, die zwar kurzzeitigen Glanz herstellten, aber das Leder brutal austrockneten. So geschah es dann häufig, dass die natürlichen Gehfalten zu Rissen wurden. Die brachen jedem Schuh das Genick. Diese unvermeidlichen Falten cremte Reitmayr immer besonders liebevoll ein, damit die Creme in jede der kleinen Fältchen einsank und diese somit vor Austrocknung und Rissen bewahrten. Denn wenn es dort erst einmal laut »ratsch« machte, konnte man den Schuh direkt wegwerfen. (Anders König Charles III.: der ließ sich Lederflicken auf die Schäden seiner John Lobbs kleben, weil er seine Schuhe stoisch weitertragen will und weil er eben König Charles III. ist.)

Reitmayr konnte den *Youtuber* nicht riechen. Irgendein teures Markenparfüm, das wie ein geplatztes Sofakissen roch und dem Träger Stillosigkeit attestierte, verbunden mit kaltem Zigarettenqualm. Es war bei den Leuten immer das Gleiche. Die Sünden wurden nur halbherzig kaschiert und dann noch mit ekelhaftem Parfüm überdeckt, das sie wie »Parföng« aussprachen. Da wurden vermutlich Flacons angehäuft und aufgetürmt, es wurde sich gerühmt, dass man zehn verschiedene Marken habe, aber keine davon passte zum körpereigenen Geruch des jeweiligen Menschen. Reitmayr hatte einmal gesehen, wie ein junger Mann sich in der Duft-Abteilung eines Kaufhauses mit einem goldenen Test-flacon auf Vorrat einsprühte, weil er sich wohl nur die einfache Fahrt bis zur Hauptwache hatte leisten können. Der junge Herr stank wie die Hölle, aber Reitmayr sah ihm an, wie sehr er sich freute. Diesen Stolz kannte er von früheren Kleider- und Geruchssünden selber auch. Kurzerhand ging er auf den jungen Herrn zu, stellte sich vor und kaufte dem Mann das Parfüm – die große Flasche. Einen Menschen so einfach glücklich zu machen, diese Chance wollte er nutzen. Der junge Mann wusste nicht, wie ihm geschah und bedankte sich zaghaft. Vielleicht half ihm das ja später, nicht auf die ganz schiefe Bahn zu geraten und das Gute in einer jeden Situation zu sehen.

Reitmayr zählte die Sekunden, die er im Fahrstuhl noch gezwungen war, den direkten Ausdünstungen und Stilsünden des *Youtube*-Stars ausgesetzt zu sein. Wie konnte man nur mit Unterhemd und Badeschlappen das Haus verlassen? Das funktionierte anscheinend aber gut, und es gab offensichtlich genug Zuschauer, die ihn so gut fanden, dass sie ihm den *McLaren* finanzierten.

Es gab eine gespannte Stille im Fahrstuhl. Generell hasste Reitmayr Fahrstühle, die Zwangsgemeinschaft mit mehr oder minder fremden Menschen. Wie schnell doch Scham herstellbar war. Worin unterschied sich ein Stehen vor dem Aufzug vom Stehen in dem Aufzug? Es war wohl der Wegfall der Fluchtmöglichkeit. Diese bot sich nun endlich, da sie auf Reitmayrs Stockwerk ankamen.

»Bitte«, wies er dem ungalanten Gast galant den Weg. »Möchten Sie etwas trinken?«

»Habt ihr Energy-Drinks da, Digga?«

»Nein.«

»Dann nix.«

Zum Glück, dachte Reitmayr. Er wunderte sich, wo die Neuhaus steckte, ihr Platz war verwaist, und irgendwie hatte er das Gefühl, dass sie schon länger nicht am Platz gewesen war. Er ahnte, dass sie auf eine ganz, ganz kurze Zigarette (wie sie immer betonte und im Gegensatz zu diesem Internetstar danach eine Mundhygiene einhielt) wieder mit der Assistentin von Delk am Plauschen war. Der Rechner war bereits im Ruhemodus und auch ihr Parfüm lag nicht mehr in der Luft. Sie benutzte glücklicherweise etwas Erträgliches, auch wenn es in Qualität und Feinheit ihrer Gehaltsklasse entsprach. Da Reitmayr aber seine Tür, im Gegensatz zu seinen Kollegen, meist geschlossen hielt, war es mit Lüften und einem zügigen Vorbeigehen im Alltag erträglich.

»Meine Assistentin sollte eigentlich da sein, sie hätte nach weiteren Kaltgetränken fahnden können. Komisch.«

Der *Youtube*-Star zuckte mit den Schultern und wirkte nun doch beeindruckt, ja eingeschüchtert vom Interieur und der verdichteten Anwesenheit von Anzugträgern.

»Nun gut, lassen Sie uns direkt in mein Büro gehen, dort habe ich die Akte.« Eigentlich war die Policy innerhalb von *Flachs & Delk*, sich mit Mandantschaft ausschließlich in den Meetingräumen der obersten Etage zu treffen. Reitmayr wich in der Regel davon ab, da er gerne in einem seiner *Vitra-Softpad-Chairs* saß. Viele Kollegen hatten ihr Büro in eine Art Aktenhöhle verwandelt, wobei das zwar nach viel Arbeit aussah, aber eher eine ineffiziente Arbeitsweise bewies. Wenn überhaupt noch physische Akten, dann hatte Reitmayr nur die aktuell relevanten da. Er hasste eine zerstreute Arbeitsweise und überladene Tische. Das waren Reliquien aus vorvergangener Zeit, die ihn allzu sehr an seine Studienzeit in der kühlen Souterrainwohnung mit dem viel zu kleinem Tisch erinnerten.

Reitmayr ergriff die Türklinke, der nach Präpotenz riechende *Youtube*-Star war direkt hinter ihm, und er dachte noch daran, wie sich Flachs, Delk und Fiedler extra dick gepolsterte, schalldichte Türen hatten einbauen lassen. Mit einer Lichtanzeige in grün und rot, je nachdem, ob man eintreten durfte, oder nicht. Das dachte er noch, und dann dachte er erstmal nichts mehr.

Die Szene war grotesk. Erfunden und wie ein Hirngespinst. Das konnte nicht sein.

Da saß Constanze Neuhaus mit ihrem nackten und nicht gerade kleinen Gesäß auf seinem *USM-Haller*-Schreibtisch, und Seydler, untenrum ebenso nackt und am Kopf ziemlich verschwitzt, stand davor. Reitmayr wich unwillkürlich einen Schritt zurück. Ihm entglitt nur ein leichtes »Öööh«.

Der *Youtube*-Star reckte den Hals und blickte über Reitmayrs Schulter und sah, wie die Körper von Seydler und Neuhaus auf dem Schreibtisch vor der Kulisse Frankfurts hin- und herwackelten. Neuhaus´ Brüste wippten rhythmisch hin und her. Das Gesicht des *Youtube*-Stars erhellte sich, und er frohlockte: »Geil! Ganz ein Laden nach meinem Geschmack!«

Reitmayr fand seine Stimme wieder und stammelte ein deutliches: »Tschuldigung!« Sein Schreck war nicht zu überhören.

Seydler und Neuhaus hörten sofort auf und blickten beide in Richtung Tür. »Was macht ihr hier?«, rief Reitmayr nun deutlicher aus.

Seydlers Gesichtsfarbe, vorher noch glutrot, wechselte zu weiß, er schwieg. Neuhaus hingegen lachte leicht und sagte: »Sorry, Chef, Fristsache. Das musste erledigt werden.« Nun wollte Reitmayr sie am liebsten an ihrem dämlichen Nasenring aus immerhin *seinem* Büro zerren.

»Raus!«, rief Reitmayr, schloss dann aber rasch die Tür, denn auch in dieser Situation, wollte er lieber galant sein als alles mit anzusehen.

Er blickte den *Youtube*-Star an, der grinste breit. »Muss Ihnen nicht peinlich sein, Digga. Ich finde, das spricht voll für Sie! Aber kennen Sie überhaupt die beiden da in Ihrem Büro?«

Reitmayr nickte. »Ja, mein bester Freund und meine Assistentin.«

»Oh«, sagte der *Youtube*-Star und merkte, dass Reitmayr das Ganze gar nicht lustig fand. »Das gibt Ärger.«
Reitmayr widersprach nicht.

Er hatte zu Hause schon ewig nicht mehr viel getrunken, und so sollte es auch bleiben. Frusttrinken war für Reitmayr ein absolutes No-Go – das Indiz für eine drohende Selbstaufgabe. Wenn ältere Berufskollegen wegen ihres Erfolgs Frau und Kinder verloren hatten, trotz Scheidung reich geblieben waren und die Geliebte zwar top aussah, aber nicht zur Konversation geeignet war, dann griffen sie irgendwann zum Alkohol. Gutem, teurem Alkohol, sicher, aber doch einer Droge, die sie über Wochen und Monate in einen immer größeren Bann, in eine immer größere Abhängigkeit zog. Dagegen war dann Koks zum Aufputschen vor Fristabgaben bei Gericht fast schon eine Farce. Der Alkohol ließ sie nach und nach in ihrem eigenen Wohlstand ertrinken. Denn auf der beruflichen Seite gab es fast niemanden, der ihnen noch Regeln vorschreiben konnte, und privat war niemand mehr da. Die russische Geliebte war mit kurzem und seltenem Sex zufrieden und freute sich über Präsente aus der Goethestraße. Wenn das für sie nicht mehr passte, dann ging sie zum nächsten älteren Herrn.

Reitmayr war nach der Szene mit Seydler und Neuhaus aus der Kanzlei abgedampft und hatte den *Youtube*-Star auf später vertröstet. Er war sauer. Weniger über seinen missbrauchten Schreibtisch als über die Dreistigkeit der beiden. Sollten sie doch vögeln, schlimm genug, aber warum denn gerade in seinem Büro und zu einer Zeit, zu der er, wie es im Kalender stand, auch im Hause sein sollte. Haben sie seinen Tisch hinterher wenigstens abgewischt?

XII

Reitmayr fuhr kurz am Supermarkt vorbei und holte sich ein Frustessen. Büffelmozzarella, unverschämt teure Kirschtomaten und Rucola. Er parkte den *TT* in der heimischen Tiefgarage, nahm die kostenlosen Werbezeitungen aus dem Briefkasten und fuhr mit dem Aufzug direkt in sein Penthouse. Wenn er seine Karte benutzte, hatte er eine Vorrangeinstellung für eine direkte Fahrt nach oben. Was vor Neueroberungen luxuriös wirkte, rettete ihm jetzt das Gesicht; wollte er heute doch wirklich niemanden mehr sehen. Pärchen ganz besonders nicht.

Er knallte den Schlüssel mit dem noch-*Audi*-Anhänger auf den Glastisch neben der Wohnungstür, dazu sein hellblaues *Dupont*-Portemonnaie. Das *iPhone* schaltete er aus und warf es dazu. Natürlich rutschte es vom Tisch und schlug hart auf dem Parkettboden auf. Scheißegal, befand Reitmayr. Heute scheißegal. Seine Klingel stellte er ab.

Er streifte die Monks ab und kickte sie unter die Stange mit den frei hängenden Anzügen. Langsam zog er die Schiebetür zu seiner Terrasse auf und holte einmal tief Luft. Dann ging er zu seiner offenen Küche und schaltete die Siebträgermaschine auf der Kochinsel ein. Er malmte mit dem Kiefer und ermahnte sich, das zu lassen. Er spürte schon einen leichten Kopfschmerz aus den Kiefergelenken in seinen Schädel ziehen. Es war nicht so, dass er es Seydler nicht gönnte. Sex konnte glücklich machen und entspannen. Aber so? Irgendwie fühlte er sich missbraucht. Und dann noch mit seiner nasenringtragenden Assistentin.

Der Kaffee brummte aus der Siebträgermaschine in seine arabisch wirkende Schale, die Reitmayr gern als Kaffeetasse nutzte, weil sie ein dreidimensionales Muster eingekerbt hatte. Er schaute auf den Main. Das Wetter war zu dieser Jahreszeit grau in grau, manchmal konnte man die Häuserreihe nicht mehr vom Himmel unterscheiden. Der Herbst war nun merklich über das Land gezogen und brachte das Grau wieder in die Welt.

Er griff zu seinem *iPad*, das aber leer war, griff dann zu seiner Arbeitstasche, und nahm seinen Laptop heraus. Reitmayr startete seine Musik-App am Fernseher und wählte eine Playlist von Randy Newman aus. Er setzte sich mit dem Laptop auf den Balkon, zog den Reißverschluss seiner dunkelgrünen *Barbour*-Weste zu und ging auf die Website von *Austrian Airlines*.

Vor Jahren hatte er mal über den Selfmade-Millionär Vijay Sapre gelesen, dass der sich (noch nicht reich) mit *John-Lobb*-Schuhen an Sitzungen teilnahm und es ihn beruhigte zu wissen, dass er mit den teuersten Schuhen im Raum saß. Und jetzt war bei Reitmayr der Zeitpunkt für den nächsten Schritt gekommen. Er schickte Neuhaus eine E-Mail, dass er die nächsten drei Tage abwesend sei. Er tippte bei *Austrian* routiniert die Drei-Letter-Codes FRA und VIE ein und buchte seinen Flug. In das Paradies für handgemachte Schuhe. Dann ging er auf die Website des *Sacher*. Für viele Trampel-Touristen wohl verwunderlich, dass man im *Sacher* nicht nur essen, sondern auch wohnen konnte. Er buchte eine Junior-Suite und noch einen Leihwagen bei »Regine«. Dieser Name war für Seydler und ihn schon lange das interne Synonym für den Autovermieter *Sixt*, dessen Inhaber seit den 1970er Jahren Erich Sixt und seine Frau Regine gewesen waren. Denn vom Wiener Airport in die Stadt mit Öffentlichen oder dem Taxi zu kommen, war einfach nur unverschämt teuer. Das schöne Geld wollte er dann doch lieber im *Sacher* verprassen. Er nahm einen Schluck Kaffee und genoss zufrieden die Aussicht und sich selbst. Randy Newman sang »You´ve Got a Friend in Me«. Reitmayr umfasste seine Tasse und lachte.

XIII

Dass das Parkhaus direkt am Terminal 1 am Frankfurter Flughafen frühmorgens schon so voll sein musste, hatte ihn gewundert. Der Abflug um sieben Uhr war seiner eigenen Arroganz geschuldet. Er wollte partout Business Class in einem *Airbus* fliegen. Reitmayr lehnte diese Regional-Nussschalen ab, die mit einer eins-zu-zwei-Bestuhlung eher einer fliegenden Zigarre ähnelten als einem echten Flugzeug.

Er stieß sich mit seinen fast eins neunzig immer den Kopf an und hatte immer den Sitz auf der Seite mit den zwei Sitzen; die Einzelsitze bekam er hingegen nie. Im *Airbus* würde in der Business Class definitiv der Mittelsitz frei sein. Und diese Freiheit brauchte er für diese Reise.

Er fuhr durch die vollgestellten Reihen des Parkhauses mit den höchsten Preisen am Frankfurter Airport. An solventen Kunden mangelte es nicht; die Leute sparten beim Flug schon genug. So viel, dass Reitmayr gerne seine achthundert Euro für den Flug bezahlte. Es war ein Paradoxon der menschlichen Seele. Auf der einen Seite wollte der Mensch immer adäquat bezahlt werden und auf der anderen Seite wurden er zum blutrünstigen Sparer wider jeden ethischen und moralischen Sinnes.

Wenn es darum ging, für zehn Euro nach Mallorca zu fliegen, wurden sämtliche moralischen und ethischen Vorbehalte über Bord geworfen. Ähnlich wie bei Grillfleisch. Er verstand die Menschen nicht.

Reitmayr parkte immer mit viel Abstand zu anderen. Seine Definition von Parkplatz war, dass drei Plätze frei sein mussten, sodass er in Ruhe einparken und ausladen konnte. So etwas musste man an diesem Morgen erst einmal finden. Er nahm seine braune *Rimowa*-Aktentasche und den silbernen Koffer der gleichen Marke für Kurzreisen aus dem Kofferraum des *TT*. Er hatte sich leicht gekleidet. Eine marineblaue Chino, ein blau gestreiftes *Ralph-Lauren*-Hemd. Darüber seine olivgrüne *Barbour*-Jacke und die leichten Bootsschuhe von *Timberland*. Seine Monks und die Lederboots hatte er als Ansichtsexemplare im Gepäck, zum Vorzeigen bei seinem Schumacher-Atelier. Drei Paar Schuhe, genauer gesagt zwei Paar Holzleisten, aus denen dann seine Maßschuhe entstünden, würde er sich in Wien anfertigen lassen. Zehntausend Euro würde das kosten. Er hatte sich vorher bei der Manufaktur telefonisch beraten lassen und einen Maßtermin vereinbart. Er solle die Schuhe, die er hauptsächlich trug, bitte mitbringen. Im breitesten Wienerisch und mit dieser besonderen Art von vorauseilender Höflichkeit, an der Grenze zum Schleimen, hatte ihm die Frau des Schuhmachermeisters am Telefon die Instruktionen gegeben. Er solle am besten vor dem Termin seinen Lieblingsschuh tragen, nicht zu viel laufen, aber auch nicht zu wenig. Genug trinken, passende

Socken anziehen und am Tag der Maßnahme nicht zu viel über seine Füße nachdenken. Ob das bei anderen funktioniere, hatte sich Reitmayr gefragt und fortan nur noch an seine Füße, seinen Gang gedacht. So sehr, dass er im Terminal fast stürzte, weil er seinen Gang systemisch und – wohl zum ersten Mal in seinem Leben – genau analysierte. Das rechte Bein zog er etwas nach und rollte den Fuß über die Außenseite ab. Seine Fersensporne hatte er schon am Vorabend abgetastet und in den Schuhen deren Abdruck gesucht. Das würde spannend werden, ein hölzerner Abdruck seiner Füße und die daraus wie Multiples entstehenden Lederschuhe, die nur für ihn bestimmt waren.

Reitmayr ließ die Läden im Sicherheitsbereich unbeachtet, er würde auf dieser Reise noch genug Geld ausgeben. Am Zeitungsgeschäft deckte er sich mit der *New York Times*, der *Financial Times*, dem *Handelsblatt* und der *FAZ* ein. Zur Entspannung raffte er noch das *Manager Magazin* vom Stapel (die Yellow Press der Wirtschaftsbranche). Den *Spiegel* legte er nach kurzem Zögern wieder auf seinen Platz. Sein linker Arm fühlte sich einen Moment ganz komisch an, aber das lag wohl am *Spiegel*. Reitmayr ging zielstrebig zum italienischen Café und ließ sich einen handgeschäumten Cappuccino kredenzen. Er gab dem Barista zu verstehen, dass er einen guten Cappuccino wollte und zeigte unauffällig einen Zehn-Euro-Schein in seiner Hand. Der Barista verstand und fertige eine kunstvolle Blume auf dem steif geschlagenen Milchschaum. Reitmayr zahlte die achtzehn

Euro, inklusive Trinkgeld, gerne für diesen Cappuccino in heißer Tasse. Dazu nahm er noch ein paar Cantuccini, setzte sich an die Scheibe mit Blick aufs Rollfeld und schlug die *NYT* auf.

Er las vom Tod des Schauspielers Wilford Brimley, den er aus der Verfilmung von »Die Firma« aus dem Jahr 1993 kannte. Die Romanvorlage von John Grisham war genau das richtige Sujet für angehende Anwälte mit Ambitionen. Ein junger, brillanter Jura-Student wird von einer kleinen Kanzlei im beschaulichen Memphis umworben. Er lässt sich darauf ein und freut sich mit seiner Frau, endlich den prekären Verhältnissen entkommen zu können. Bis er feststellt, dass die Kanzlei neben ein paar legalen Mandaten eigentlich nur für die Mafia arbeitet. Aus dem Traum wird ein Albtraum, da kein Anwalt die Kanzlei bisher lebend verlassen hat. Am Ende wird ein klassischer amerikanischer Thriller daraus. Für Reitmayr war das erste Drittel am spannendsten. Die Mechanismen, wie man von dem Geld und dem Ausblick auf finanzielle Freiheit gelockt wird und dann doch feststellen muss, dass mit fünfzig nicht der Ruhestand kommt, sondern die Arbeit zur Sicherung der eigenen Ansprüche.

Reitmayr saß am Gate A42, das zwanzig Gehminuten vom Sicherheitscheck entfernt lag und hatte somit seinen morgendlichen Sport erledigt. Draußen war es herbstlich kalt und grau und er knisterte mit der *NYT* etwas herum. Der Weg zurück für ein weiteres Heißgetränk war ihm zu weit, und so schloss er die Augen und versuchte, sich aus diesem technisierten Nichtort Flughafen wegzudenken. Er griff nach seiner *Rimowa*, öffnete sie einen Spalt und zupfte seine Over-Ear-Kopfhörer heraus. Diese Dinger waren ein wahrer Segen gegen alle akustischen Einflüsse von Dritten. Er staunte immer wieder, zu welch unnötigen Quasseleien die Menschen sich genötigt fühlten. Reitmayr schüttelte es. Er griff zu seinem *iPhone* und checkte seine Nachrichten. Ein paar SMS von Constanze Neuhaus (er hatte sie auf *WhatsApp* gleich nach ihrer Einstellung geblockt, wenn es sich schon nicht vermeiden ließ, dass sie seine Mobilnummer besaß) und zig *WhatsApp*-Nachrichten von Seydler. Er wollte sie nicht lesen, nicht jetzt, und steckte das Handy wie einen Fremdkörper schnell wieder weg.

Im Flieger ließ er sich auf seinem reservierten Platz, 3A, nieder und freute sich, bald in Wien mit seinen kilometerlangen Altbauvierteln anzukommen. Wenn er in Wien war, fragte er sich immer, warum man nicht in Wien leben wollte. Dann fuhr er in das Wien jenseits der Donau, und wusste, warum man nicht überall in Wien leben musste. Frankfurt war im Vergleich dazu klein und verschämt, aber die Wirtschaftspower seines Gewerbes lag in Frankfurt, Düsseldorf, Berlin und München. Frankfurt war innerhalb Deutschlands nochmal der Hotspot für Menschen seines Standes, die so richtig was erreichen wollten. In München war alles gemächlicher, in Berlin freakiger (dort kam ihm mal ein Kollege im Hoodie entgegen, Reitmayr ekelte sich heute noch), und Düsseldorf tendierte zum vererbten Snobismus. Versnobt war man in Frankfurt auch, aber in einer noch unfertigen, hungrigeren Weise. Dort konnte man es mit Fleiß, leichter Skrupellosigkeit und etwas Koks weit bringen. Auch ohne entsprechendes Elternhaus.

Er blickte aus dem kleinen Flugzeugfenster, die Bodencrew machte das Flugzeug fertig, dann rollten sie langsam zur Startbahn. Gleich würden sie, völlig geplant, den Kontakt zur Welt verlieren. Sie saßen dann in einer mit Druck aufgepumpten Röhre, die aus Faserverbundstoffspanten bestand. Manchmal fragte Reitmayr sich, wieso der Mensch das alles seelisch mitmachte, statt danach zu streben, den Tag unter einem Birnbaum zu verbringen. Sie lebten in einer vom Menschen für seine scheinbaren Bedürfnisse adaptierten Welt. Aber vielleicht lebten sie auch in einer eigens kreierten Horrorvorstellung. Der Startlauf begann und er hielt sich an den Armlehnen fest. Waren sie erstmal in der Luft, begann für Reitmayr ein Gefühl des Abrisses, des Losgelöstseins vom eigenen Ich. Dann war er weder Anwalt noch der Sohn seiner armen Eltern. Er fand dann zu einem metaphysischen Ich, was sich angenehm anfühlte. Er bestellte bei der Flugbegleiterin einen Kaffee mit Milch und nahm das Baguette dankbar entgegen. Er war so früh aufgestanden und hatte sich erstmal im Bett einen Kaffee rauslaufen lassen. Die *Nespresso*-Maschine auf seinem Nachttisch war das Geld allemal wert. Die erstaunten Blicke der Damen waren es auch. Seine frühere Haushälterin war da probat wie eh je gewesen: »Wenn muss Kaffee am Bett früh, dann muss

Kaffee am Bett früh«, hatte sie in ihrem breiten GUS-Staaten-Akzent gesagt. Woher sie kam, hatte Reitmayr sie nie gefragt. Er empfand das als höflich, denn er wollte auch nicht gefragt werden, woher er kam.

Er blätterte im *Handelsblatt*, dann in der *FT*, aber alles war dann doch nur Staffage. Er war unruhig und sauer wegen des Vorfalls mit Seydler und Neuhaus. Wenn sie schon bumsten, warum in seinem Büro? Konnte man sich nicht benehmen? Die Gedanken kreisten, und ihm wurde leicht übel. Draußen sah er die Landschaft aus zehn Kilometern Höhe. Da unten spielte sich alles ab, auch irgendwie egal, dachte er. Er setzte sich seine Kopfhörer fest auf und wählte beruhigendes Meeresrauschen.

Das Aufsetzen des Flugzeugs auf der Landebahn riss ihn aus seinem Schlaf. Willkommen in Wien, hörte er die Purserette sagen, dann richtete er sich auf. Sie waren grade von der Runway runter und rollten auf dem Taxiway Richtung Terminal. Neblig war es. So sehr, dass die Begrenzungslichter des Rollwegs sich im Nebel vergrößerten. Die Welt wirkte weit weg. Er rieb sich die Augen und schaute sich um. Seine Sitznachbarin packte bereits emsig ihre Sachen zusammen, um beim Verlassen der Kabine am allgemeinen Fluchtreflex teilzunehmen. Die Menschen standen lieber zehn Minuten mit schiefem Hals unter den Gepäckablagen, als einfach zu warten, bis die Fluggastbrücke (er liebte den englischen Begriff »Jetway«; das hatte etwas von den wilden Siebzigern der Fliegerei) bereit zum Aussteigen war.

Reitmayr hatte mal eine Affäre mit einer Flugbegleiterin gehabt, Lara. Eigentlich war sie angehende Pilotin, aber die Rezession nach der *Lehman-Brother*-Pleite hatte sie vor eine Realität gestellt, der sie vorher mit ihrer Ausbildung gehuldigt hatte: den Zyklen der Weltwirtschaft. Piloten sind die ersten, die gehen, wenn es nicht rund läuft. Diese ganze Inszenierung von Geschäftsreisen war dem immer fragilen Aufschwung geschuldet. Brach der Aufschwung weg, fielen auch die angeblich so wichtigen Meetings weg. Sie wollte in der Branche bleiben und schob nun mit den Schönheiten ohne Abi den Saft durch die Kabine. Reitmayr wusste nicht, was schlimmer war: wegen einer Rezession aus der Branche zu fliegen, oder in der Branche auf einem Aussichtsposten zu bleiben und seinem eigenen Job aus der Bedienposition zuzuschauen. Mit ihr hatte er sehr gut über die Fluggäste lästern können, die sich benahmen, als hätten sie nie ein Hirn gehabt. Oder eben nur eins aus der Steinzeit.

Leider hatten auch die Schiefsteher aus dem Flugzeug zum *Sixt*-Schalter gefunden und ließen sich nun hochherrschaftlich beraten, statt gleich das Billigangebot zu nehmen, das sie schlussendlich sowieso wählten. Aber auch das gehörte zum Dienstleistungszeitalter dazu. Wenn Menschen sich bedienen lassen konnten, dann ließen sie sich auch bedienen. Es war ihr Ausgleich zum ständigen Ausgequetschtwerden im Alltag. Reitmayr vermutete, dass sie sich deswegen auch sonntags Pizza liefern ließen. Endlich ein anderer, der laufen muss, wenn wir mal rufen, wo sonst doch nur »die da oben«

bedient wurden. Dass sie in der Regel selbst keinerlei Potential für »da oben« hatten, vergaßen sie nur allzu gern. Er guckte sich in der Warteschlange stehend derweil Nacktbilder seiner aktuellen Liebschaft an. Wie angenehm, dass man sich heute vorab einen Eindruck holen konnte, bevor man in See stach, wie sein Vater früher zu sagen pflegte, wenn er mal zu viel intus hatte.

Als Reitmayr seinen *A4 Avant* gemietet hatte, fuhr er schwungvoll aus der Tiefgarage und ließ die Scheiben runter. Kalte Luft blies ihm scharf ins Gesicht. Er drehte die Anlage auf und startete *Linkin Park* auf seinem *iPhone.*

»Der meldet sich gar nicht. Alles nicht gelesene Nachrichten«, meinte Seydler in leidvollem Ton. Neuhaus und er lagen in ihrem Bett in ihrer WG im Frankfurter Nordend. Der Preis des schönen Kiezes war in der Gehaltsklasse von Neuhaus, auch mit Ende Zwanzig noch, in einer WG leben zu müssen. Mehr konnte sich eine Assistentin, sofern sie nicht auf der Cashwelle eines Anwalts ritt, nicht leisten, wenn sie nicht auf alles andere verzichten wollte. Das war ein trauriger Nebeneffekt des Städtebooms. Seydler stellte immer wieder fest, wie die langen Gespräche mit Reitmayr sein Denken und seinen Blick auf die Welt, vor allem im Nahbereich, verändert hatten. Früher nahm er alles einfach so, wie es war, er analysierte es nicht. Warum auch? Er hatte keine Probleme damit, wie es war. Reitmayr zeigte ihm aber, dass auch dasjenige kritisch zu betrachten sei, von dem man nicht unmittelbar betroffen war. Für Constanze war ihre Situation in Ordnung. Das hatte wiederum ihn verwundert. Er war, auch als angestellter Anwalt, ein Salär gewohnt, das sich irgendwann wie das Minimum anfühlte. Das war man wert – und beileibe nicht weniger. In den wenigen Tagen mit Constanze musste er aber merken, dass sein finanzieller Horizont und alles, was sich damit erschloss, eben nicht die Normalität war. So wie Jeff Bezos wohl auch ins Straucheln kommen würde, wenn er mit dem Budget eines Seydler oder Reitmayr auskommen müsste; einen ganzen Monat, wohlgemerkt. So hatte seine frische Liebschaft mit Constanze neben dem wilden Liebeseffekt auch die Erkenntnis gebracht, dass man im Lebensalltag einen konsensualen Weg beschreiten musste. Es war aber auch eigentlich pervers, für ein Mittagessen einhundert Euro auszugeben und darüber nicht mal mehr nachzudenken. Insbesondere weil die Höhe einer Rechnung auch Statussymbol war. Und Qualität sich nicht unbedingt linear dazu verhielt. So gab es auf der »Fressgass« einen Italiener, bei dem die Pizza bei achtzehn Euro anfing, aber eher wie der verrutschte Backversuch einer TK-Pizza schmeckte. Reitmayr und er schworen daher aufs *Fratelli*. Dort konnte man zu bezahlbaren Preisen dinieren. Und Constanze hatte ihm in den wenigen Tagen ihrer Bekanntschaft gezeigt, wie man auch lecker für einen Zehner essen konnte. Das hatte Seydler seit Jahren nicht mehr. Wie man nebeneinander in völlig verschiedenen Universen leben konnte. Seydler stutzte, als Constanze mit einem Kaffee an ihr Bett trat und ihm reichte.

»Du denkst an den Chef?«, fragte sie bestimmt.

»Nenn ihn doch einfach Frederic«, gab Seydler zurück.

»Ja, aber er ist mein Chef, und wir siezen uns.«

»Na, das hätten wir uns mal merken sollen, bevor er uns in seinem Büro überrascht hat.«

Neuhaus merkte Seydler an, wie sehr es ihn belastete, dass sein Freund sie erwischt hatte.

»Das war gar keine gute Idee von uns.« Seydler betonte bewusst das *uns*.

»Du meinst von *mir*. Es war *meine* Idee. Sprich es ruhig aus.«

»Darum geht es nicht. Aber wir hätten uns nicht so gehen lassen dürfen.«

»Du meinst, man sollte mehr Haltung in diesem Leben zeigen, ja?«

»Nein, so meine ich das nicht.«

»Wie denn dann, bitteschön?«

»Dass du mich verleitet hast, etwas zu tun, das jetzt solche Folgen hat.«

»Nur weil er mal nicht mit dir redet? Das sollte eine Freundschaft wirklich aushalten.«

»Ja, das schon. Aber nicht, dass ich sowas in seinem Büro bringe.«

»Stell dich doch nicht so an. Das wird schon wieder.«

»Dafür kennst du ihn zu wenig. Da ist er nachtragend. Aber nicht, weil er es uns nicht gönnt, sondern weil das unverschämt war. Und dann noch vor den Augen eines Mandanten.«

»Naja, der freute sich sogar und nennt Frauen im Internet gerne mal Bitches.«

»Ein Glück, sonst hätte Frederic nun auch noch die Chefs an den Hacken, die ihm eh nicht wohlgesonnen sind.«

»Wie?«

»Ja, sein Förderer Fiedler, schon. Aber Flachs und Delk, also besonders Flachs, ist er ein Dorn im Auge. Frederic hat sich mit Angus Burchardt überworfen, und der wiederum sitzt in zwei Aufsichtsräten von Firmen, die mit der Kanzlei Ankermandate haben. Ankermandate für *Flachs & Delk*, nicht für die jeweiligen Firmen. Wenn die beiden Mandanten aber aufgrund der Verstimmung mit Burchardt die Mandate kündigen, geht bei *Flachs & Delk* das Licht aus.«

»Ach, Quatsch, unsere Firma hängt doch nicht an zwei Mandaten.«

»An diesen beiden, schon.«

Neuhaus ließ sich aufs Bett sinken.

»Und ich bin daran schuld, weil ich sofort mit dir vögeln wollte.«

»Ja, das stimmt.«

Neuhaus verzog das Gesicht.

»Danke für die Motivation. Danke. Du Arsch.«

»Ich sage doch nur, wie es ist.«

»Das hättest du auch netter verpacken können.«

»Du hast es doch selber so gesagt!«

»Ja und? Deshalb muss man es doch nicht so direkt aussprechen.«

Der Burger aus dem angesagten Kiez-Laden lag ihm nun wie ein Stein im Magen. Die Stimmung war dahin, das wusste Seydler.

»Ich gehe jetzt besser«, sagte er.

Neuhaus sagte nichts.

Seydler raffte seine Kleider zusammen, zog sich an und ging hinunter auf die Straße. Er kaufte sich am Kiosk eine Packung *NIL* und bat um Feuer. Er rauchte langsam und blies den Qualm nach oben. Er versuchte, Ringe zu formen, aber es gelang ihm nicht. Er rieb sich die blanke Stirn und fuhr mit der Rolltreppe die U-Bahn-Station Glauburgstraße hinunter. Er schaute auf sein Handy, keine Reaktion von Reitmayr. Der hatte nichts gelesen und war vermutlich weiterhin sauer.

Ein Obdachloser kam an und wollte um Geld bitten. Als Seydlers und seine Blicke sich trafen, hielt er inne: »Oh, Sie haben Ärger. Ich kenne das. Schönen Abend!« Sprachs und ging weiter zu den anderen Fahrgästen.

XIV

Angus Burchardt war ein Mann, dem die Optik nicht in die Hände gespielt hatte. Schon in seinen Zwanzigern hatte er sein eh schon dünnes Haupthaar verloren und sein Bauch war der eines Wohlstandsmenschen durch und durch. Er liebte die gustatorischen Genüsse und das Geld, mit dem er sie bezahlte. Mit dem er alles in seinem Leben bezahlte, das ihm nahe kam oder kommen sollte. Geld war für ihn die kompatible Währung für alles. Er glaubte daran, dass das Leben der Menschen wie auf einem Mikrochip vorbestimmt war. Und sein Leben war das des Geldes und nicht der ausufernden Zuneigung. Er fand, die Menschen verloren sich in ihrer Emotionalität und stürzten dann in den Gefühlsstrudel wie bei einer beginnenden Beziehung. Er kannte keine Beziehung, bei der diese initialen Gefühle in irgendeiner Weise Bestand gehabt hätten. Etwas musste sich lohnen, wenn er darin investieren sollte. Ob Liebesbeziehung oder Firmeninvestment, rentabel musste es sein. Und das primär für ihn und nicht für die anderen beteiligten Personen. So war seine erste Ehe aus Jugendtagen krachend, aber finanziell vertretbar gescheitert, weil er noch nicht so erfolgreich gewesen war. Bei der zweiten Ehe mit einer Russin war es dann schon eine Art finanzieller Tauschhandel, wobei Burchardt peinlich genau darauf achtete, dass der Ehevertrag die Zugewinngemeinschaft klar ausschloss. Denn seine zweite Frau war natürlich nicht an Arbeit oder gar an ihm interessiert. Sie kannte ihn schon aus der Zeitung als erfolgreichen Investor. Sie gab ihren Körper für die Sicherheit eines finanziell saturierten Lebens an seiner Seite. Dafür schlief sie anfänglich mit ihm und ließ seinen schweren Körper zwischen ihre zarten Beine. Sie gebar zwei Kinder, die schon mit drei Jahren teurere Kleidung trugen als die meisten Erwachsenen, denen sie auf der Straße begegneten. Burchardt konnte nie eine richtige Beziehung zu seinen Kindern aufbauen. Er fand, sie kamen zu sehr nach ihrer Mutter, die ihm irgendwann wie eine russische Hure vorkam. Und wenn er ehrlich war, wussten sie beide, dass sie das schon immer gewesen war. Und er der dicklich-schwitzende deutsche Freier mit etwas mehr Geld. Etwas sehr viel mehr Geld inzwischen. Bei der Scheidung wurde es hässlich, alle russischen Straßengene seiner Frau traten hervor, als sie merkte, dass ihr die Felle wegschwammen. Denn auch wenn Burchardt ihr – übrigens höchst ungern – eine Apanage von zehntausend Euro im Monat zusicherte, bis die Kinder volljährig wären, merkte sie doch, dass die Zeit der Partys und der Zugehörigkeit zur »besseren Gesellschaft« (bei Burchardt nur die der meist peinlichen Neureichen) vorbei war. Und was waren schon zehntausend Euro, wenn man mit der Kreditkarte vom Gatten gerne mal am Tag vierundreissigtausend Euro ausgegeben hatte?

Statt in Frauen, hatte Burchardt schon vor Jahren begonnen, in Autos zu investieren und diese in der speziell für Klassiker geschaffenen *East Garage* von Ardi Goldman im Frankfurter Ostend zu parken. Dort konnte er sie hegen und pflegen und war sich sicher, dass sie rund um die Uhr bewacht würden. Manchmal, aber nur sehr selten und kurz, beschlich ihn das Gefühl, seine Autos mehr zu pflegen, als seine Kinder zu erziehen. Zehn Fahrzeuge nannte er sein Eigen. Es war seine Notreserve an Kapital, sollte bei den Investments mal etwas schiefgehen. Obwohl die Not schon groß sein müsste, ehe er sie veräußern würde – war doch die Liebe zu seinen Fahrzeugen außerordentlich. Wie bei vielen älteren Herren, die Autos sammelten. Sie liebten sie mit einer Hingabe, wie sie keinen Menschen je liebten. Das Argument der »Notreserve« und »Altersvorsorge« war letztlich dann doch nur ein Scheinargument, eine Schein-Legitimation, noch mehr Autos anhäufen zu können. Er hatte Männer schon geschäftlich untergehen sehen, aber ihre Autos hatten sie dennoch nicht verkauft. Bis der Insolvenzverwalter sie per Tieflader abholen ließ.

Burchardt wohnte im Frankfurter Westend; gediegen, aber dennoch städtisch. Die meisten seiner beruflichen Mitbewerber auf Augenhöhe hatten sich in Königstein und Umgebung niedergelassen. Vordertaunus als Zeichen, dass man gar nicht mehr in die Stadt müsse und lieber von einer kleinen Anhöhe aus, die sie hier »Berg« nannten, hinunterblickte in das Tal, das den finanziellen

Aufstieg möglich gemacht hatte. Er hatte sich eine alte verfallene Villa in der Myliusstraße renovieren lassen. Nach einem Erbstreit war diese jahrelang verwildert gewesen, bis Burchardt die nach Jahren des Zwists ermüdeten Erbparteien dazu ermutigen konnte, mit einem guten Betrag diesen Streit doch ihm zuliebe beizulegen. Er ließ das Haus entkernen, es erhielt eine komplett neue Elektrik, eine Tiefgarage und ein ausgeklügeltes Beleuchtungskonzept mit LED und Fernschaltung per App. Die Villa erstrahlte danach in einem hellgrün-weißlichen Ton und wirkte, als wäre nur ihre Umgebung durch die letzten Jahrzehnte gegangen, sie selbst aber nicht. Burchardt war zufrieden gewesen, zumindest während der ersten Wochen nach Fertigstellung.

Burchardt kam mit seinem Cayenne die Feldbergstraße entlang und bog dann rechts in die Myliusstraße ein. Er ließ das Tor der Tiefgarage hochfahren und glitt im Leerlauf mit der schweren Limousine die Rampe hinunter in die hell erleuchtete Garage mit ihren vier Plätzen. Hier standen nur seine vier Alltagsfahrzeuge. Der *Porsche* Cayenne, der *Bentley* Continental, der *Porsche* GT3RS und ein *VW* California mit *ABT*-Tuning. Dieses Auto war ihm am wenigsten zuzuordnen, obwohl es mit einem Preis von über einhunderttausend Euro nun auch nicht gerade dem Durchschnittsfamilienvater zuzurechnen war. Er hatte es gekauft, um seinen beiden Mädchen ein guter Abholvater zu werden. Der Plan ging nicht auf. Erst aus Zeitgründen nicht, dann aus dem fehlenden

Recht, die Kinder allein von der Schule abzuholen. Als die Familienrichterin Burchardt nämlich fragte, wie alt seine Kinder seien, musste er im Smartphone nachschauen. Das hatte gereicht, um der Richterin klarzumachen, dass man der Mutter per se doch mehr vertrauen sollte. Er dürfe sie ja regelmäßig besuchen, gab die Richterin ihm noch mit. Er wusste, dass eine Einigung mit seiner Exfrau nicht möglich sein würde. Und so kam es auch. Er hatte die Kinder über ein Jahr nicht gesehen. Auf Nachfrage schickte seine Exfrau widerwillig, so schien es ihm, Bilder, auf denen sie auch selbst immer wieder mit ihren geschmacklosen Kleidchen zu sehen war. Er fragte sich, wann sie einen neuen Geldspeicher angezapft hatte. Mit zwei Kindern war das eher schwierig, gab es doch eine Armee von schönen, jungen Frauen, die sich für den Aufbau einer Familie mit finanziellem Fundament nur allzu gern hergaben. Eine Frau in den beginnenden Dreißigern mit zwei Kindern vom bekannten und wohlhabenden Ex-Ehemann im Schlepptau, war da schon ein schwieriger zu vermittelnder Fall. Er hoffte nur, dass sie die Kinder bei potenziellen Dates nicht zu lange verschwieg.

Aus dem Aufzug trat Burchardt direkt in sein Wohnzimmer und hängte den Schlüssel mit dem *Hermès*-Anhänger an den Haken. Seine Slipper von Moser aus Wien zog er mit einem Schwung von den Füßen. Er ging in die Küche, nahm aus dem Kühlschrank mit Doppelschwingtür eine Cola-light-Dose und riss sie auf. Die Sonne stand tief. Sie schien dieser Tage beweisen zu wollen, auch noch existent zu sein. Auf dem Gehweg gegenüber ging eine Mutter mit zwei Kindern. Die Frau gehörte sichtlich nicht zu den Bewohnern des Westends. Vielleicht war sie nur eine schlecht bezahlte Nanny oder hatte hier jemanden besucht, den sie von früher kannte. Er vermied das Früher. Es barg zu viele Fallstricke für ihn und vor allem für andere. Die meisten Menschen aus seiner Vergangenheit, eigentlich alle, wenn er konkret nachdachte, hatten nicht einen derartigen monetären Erfolg gehabt wie er. Das schuf Brüche, zu Klassentreffen wurde er seit Jahren nicht mehr eingeladen oder er hatte die Einladungen übersehen. Er ließ die kalte Coladose in seiner Hand kreisen und sah der Frau in ihren einfachen Kleidern hinterher. Ihr Po war zu dick, vielleicht eine Folge der Schwangerschaften, und die Falten in ihrem Gesicht waren bis über die Straße hinweg erkennbar. Wie alt mochte sie sein, fragte Burchardt sich. Vielleicht Ende dreißig, Anfang vierzig? Sie wirkte, als sie sich nach den hinter ihr her tobenden Kindern umdrehte, in einer Weise zufrieden, die Burchardt nachdenklich stimmte. Wann war er eigentlich das letzte Mal zufrieden gewesen?

XV

In Wien stellte Reitmayr den Mietwagen am Loquaiplatz im 6. Bezirk ab. Die Dame bei *Sixt* in ihrem orangefarbenen Dress mit vorgetäuschter Sexyness hatte irritiert geguckt, als er sie bei der Übernahme des Wagens gefragt hatte, ob man dort gut parken könne. Reitmayr ging beim Parken nach dem Prinzip des »Wird schon« vor. Er fuhr immer bis ans Ziel und hoffte aufs Beste. Da offenbar nur wenige nach diesem Prinzip verfuhren, hatte er oft das Glück, tatsächlich einen Parkplatz in bester Lage zu ergattern. Er bog zu Fuß in die Königsegggasse ein und schritt zielstrebig auf das *Café Jelinek* zu. Hier wollte er hin, denn das Kaffeehaus bedeutete für ihn, in Wien angekommen zu sein. Am Flughafen war Wien so unwirklich wie es alle Städte an ihren Lufthäfen waren: eine illusionäre Konsumwelt in Endversion und ohne Stil. Da bildete auch Wien keine Ausnahme. Aber sobald er über die A4 ins Stadtzentrum fuhr und die Altbauten erblickte, die einfach kein Ende nehmen wollten und in ihrer Pracht wie aus einer anderen Zeit erstrahlten, stellte sich das Gefühl einer vergangenen Geborgenheit ein. Reitmayr musste selig lächeln, als sich die Stadt in ihrer Schönheit wärmend um seine Seele legte.

Wie ein Kenner, ein dazugehöriger Eingeweihter, betrat Reitmayr das *Café Jelinek* und ließ sich in eins der altertümlichen Polster fallen. Er bestellte einen Verlängerten (manchmal begann er auch mit einem Einspänner) und dazu ein Stück Guglhupf. Mit seinem *iPhone* checkte er derweil im *Hotel Sacher* an der Staatsoper ein. In der benachbarten Tiefgarage hatte er sich für fünf Tage einen Parkplatz gemietet, denn selbst mit seinem parkplatzaffinen Gemüt hätte er in der Gegend keine Chance auf einen öffentlichen, abschleppsicheren Stellplatz gehabt. Und außerdem hatte das *Sacher* Valet-Parking, was wollte man mehr? Die Bedienung stellte den Kaffee und den Kuchen vor ihm auf den Tisch. Er bedankte sich mit einem satten Lächeln. Eigentlich war schon alles erreicht.

Draußen war der Himmel bedeckt, die Luft war kalt. Am liebsten hatte er Wien im frischen Schnee, dagegen konnten selbst die Malediven nicht ankommen. Mit Schnee und weihnachtlichem Ambiente war Wien der schönste Ort der Erde. Leider schaffte er es selten in der Vorweihnachtszeit in diese Kulisse einer längst vergangenen Zeit. Er schlürfte den Kaffee langsam und genüsslich. Auf seinem Smartphone wischte er durch ein paar Seiten des Buches *Ein Winter in Wien* von der österreichischen Autorin und Buchhändlerin Petra Hartlieb. Vielleicht ließe sich ein Besuch in einer ihrer beiden Buchhandlungen noch einrichten.

Der Kuchen war saftig in bester Wiener Backtradition hergestellt. Reitmayr schmunzelte, weil er beim Abteilen eines Bissens plötzlich an den Film *Ziemlich beste*

Freunde denken musste. Der aus armen Verhältnissen stammende Pfleger Driss, der sich im Café beschwert, der Schokokuchen sei wohl alt, weil innen schon ganz weich. Dabei weiß er nur nicht, dass Schokokuchen, besonders ein köstlich frischer, lauwarmer, genau diese Konsistenz haben muss. Driss kennt aber nur die vertrocknete Discounterversion. Reitmayr biss sich auf die Lippen. Auch er hatte früher nur die in Plastik eingeschweißte Billigware gekannt. Im *Fratelli* hatte er anfänglich auch einige Missinterpretationen angestellt, die Fiedler ihm wortlos hatte durchgehen lassen. Woher hätte man es auch besser wissen sollen? Heute konnte man googeln, wie man Austern aß oder welche Farbe, Form und Konsistenz etwas ausgefallenere Speisen haben mussten. In seinen jüngeren Jahren hatte es diese Möglichkeit der privaten Recherche zur Verbesserung seiner Manieren nicht gegeben. Man war vielmehr abhängig von seiner Herkunft, seiner Kinderstube, die einen fest im Griff hatte und darüber entschied, ob man mitspielen durfte oder nicht. Daher fand Reitmayr, das Internet sei ein demokratischer Segen für alle diejenigen, an denen die »geheimen« Bräuche und Riten der Gesellschaft sonst vorübergegangen wären. So hatten sie zumindest die Chance, auf unauffällige Weise etwas nachzuholen oder aufzuarbeiten, ohne sich der Ahnungslosigkeit bezichtigen oder diese offenbaren zu müssen. Man war nicht mehr komplett verloren. Reitmayr ließ seine Hand über den Velours des Vintage-Sessels gleiten und spürte die energiegeladenen Spannfedern im Polster.

Der Kaffee hatte seinen Appetit angeregt. Statt sich in Richtung Staatsoper aufzumachen, wollte er sich vor seinem Termin noch stärken. Hungrig einkaufen, das schien ihm auch bei Maßschuhen die falsche Taktik zu sein. Sein Termin bei Moser war um vier Uhr am Nachmittag fixiert. Es war erst kurz nach Zwei. Er bezahlte, verließ das *Jelinek* und ging direkt gegenüber in die Wirtschaft *Steman*, die auch von den Betreibern des *Jelinek* geführt wurde. Er ließ sich an einem der langen dunklen Tische nieder, bestellte ein Sprudelwasser und einen Weißgespritzten und blickte auf seine rotgoldene Uhr.

So schnell wie für diese Uhr hatte Reitmayr noch nie eine solche Summe ausgegeben. Die *IWC Da Vinci Perpetual Chronograph* war ihm auf der Goethestraße ins Auge gesprungen und passte perfekt an sein Handgelenk. Anders als viele seiner Kollegen hatte er sich lange nichts aus Armbanduhren gemacht. Auf ihnen sah er nur die Zeit voranschreiten - unaufhaltsam. Er wollte keine *Rolex*, nicht einmal als Wertanlage. Als er nach dem Vorfall mit Seydler und Neuhaus aus dem Büro gestürmt war und seinen Termin, den verdutzten und zugleich begeisterten *Youtube*-Star, einfach hatte stehen lassen, war er im schnellen Schritt über den Kaiserplatz gestürmt und, wie magisch angezogen, Richtung Goethestraße gegangen. Er lief erst rechts entlang, drehte bei *Burberry* auf die andere Seite und blieb spontan bei *IWC* stehen. Es ging viel schneller als gedacht. Er sah den Chronographen in dieser besonderen Farbe, die er nie wirklich wahrgenommen hatte. Er klingelte, man ließ ihn in die Schleuse eintreten, die gepanzerte Tür schloss sich hinter ihm. Er wurde zu einem luxuriösen Sofa geleitet, man reichte ihm einen Cappuccino mit von Hand aufgeschäumter Milch, dazu ein Kristallglas von *Nachtmann* mit glasklaren Eiswürfeln, frisch aufgeschnittener Zitrone und einem Blatt Minze. Darüber goss ihm die freundliche Dame in dem straff geschnittenen dunkelblauen Kleid eine gut gekühlte Flasche *Morelli*-Wasser. Das Leder unter ihm war weich und angenehm kühl, so dass er förmlich spürte, hier nicht als der schnelle Wechselkunde angesehen zu werden. Der Verkäufer war ein gesetzter Herr, der sich neben seiner gediegenen Würde auch eine angenehme Art der lockeren Zuwendung bewahrt hatte, ohne eine peinliche Aufdringlichkeit zu herzustellen. Wie selbstverständlich trug er selbst auch eine *IWC* und holte Reitmayr die begehrte Uhr aus dem Schaufenster. Er hielt das Verkaufsgespräch in kurzen, Fakten vermittelnden Sätzen und verzichtete auf billige Schmeicheleien wie »Diese Uhr ist wie für Sie gemacht und kleidet sie ganz ausgezeichnet«. Das gefiel Reitmayr.

Der Cappuccino mundete, der Preis der Uhr nicht ganz. Er hatte seine Mimik nur bedingt unter Kontrolle und gab damit dem Verkäufer ungewollt das Zeichen zur Preisverhandlung. Für knapp zweiunddreißigtausend Euro wurde die Uhr sein Eigentum. In der Regel war eine sofortige Mitnahme nicht möglich, denn kaum einer hatte diese Summe in bar dabei, und auch diese Shops waren in den letzten Jahren vorsichtig geworden, solche Beträge in bar anzunehmen. Zu viele falsche Banknoten waren im Umlauf und Geldwäschedelikte nahmen zu. Die Fragen des Finanzamts wollten sich auch die besten Marken ersparen. Der Verkäufer riet ihm zu einer Banküberweisung, man würde die Uhr für ihn fertigmachen und ihn nach dem Eingang des Geldes zur feierlichen Übergabe der Uhr gerne wieder begrüßen.

Reitmayr musste schmunzeln. Die meisten Kreditkarten wären selbst bei guter Limitierung bei dieser Summe überfordert gewesen. Reitmayr griff in sein Sakko und ließ das *Dupont*-Portemonnaie aus der Innentasche gleiten. Er hatte nur eine Kreditkarte in der Börse. Aber es war diese eine Karte, die für ihn der Inbegriff des Luxus war: die schwarze Karte von *American Express*. Man bekam sie eigentlich nur auf Einladung des Kreditkarteninstituts, aber er hatte vor wenigen Jahren den Branch-Manager von *Amex* auf einer Party kennengelernt, und seitdem war Frederic Reitmayr Inhaber dieser schwarzen *Amex* aus Graphit, die eines nicht kannte: ein Limit. Man hätte damit eine Millionenyacht kaufen können, einfach so.

Der Verkäufer grinste dezent beim Anblick der Karte. In der Goethestraße war bei Sichtung dieser Karte klar, dass zur Liquidität oder Solvenz des Käufers keine Fragen mehr bestanden. Die Karte glitt satt durch das Lesegerät, und wenige Minuten später stand Reitmayr auf der Straße. Rotgolden glänzte es an seinem Handgelenk.

XVI

Burchardt hatte sich umgezogen und sich seinen dunkelblauen Zweireiher mit breiten Streifen aus dem begehbaren Kleiderschrank mit LED-Lichtkonzept geholt. Dazu band er eine dunkelorangefarbene *Kiton*-Krawatte mit Paisleymuster um. Beim Einstecktuch legte er auch Wert auf ein Paisleymuster, aber es musste Ton in Ton mit der eigentlichen Krawattenfarbe sein, aber unbedingt ein anderes Muster haben. Im bodentiefen Spiegel schaute er sich an. Die handvernähten Schulterteile von Schneider Grissler umschmeichelten nur leicht gepolstert seine Figur auf italienische Art. Der Anzug saß wie eine zweite Haut. Heute war ein guter Tag, sagte er sich und stieg in den Aufzug nach unten. Auf seinem Display blinkte eine Nachricht auf. Vanessa Schlichter schrieb: Ich warte in der Junghofstraße vor dem *Starbucks* auf Sie.

Er stieg in den *VW* California und brummte mit dem lauten V6-Motor die Tiefgarage herauf, bog in die Bockenheimer Landstraße ein und startete die Musikanlage. Die *Burmester*-Anlage hatte er sich nachträglich einbauen lassen. Das kannten die Jungs von *VW* nicht. Für zehntausend Euro waren aber auch sie lernfähig gewesen, und so dröhnte aus den Lautsprechern *Dangerous* von Seether. Burchardt klopfte rhythmisch auf das handvernähte Lederlenkrad und bog an der Alten Oper scharf rechts ab.

Dass es draußen nicht richtig hell wurde, belastete Seydler sehr. Constanze hatte sich seit ihrem Streit nicht mehr gemeldet, und mit Reitmayr war sowieso Funkstille. Er fühlte sich einsam. Bei Constanze melden wollte er sich aber auch nicht. Falsches Ego zur falschen Zeit. Seydler tat so, als würde er arbeiten und türmte große Aktenberge vor sich auf, von denen Reitmayr immer behauptete, sie würden nach Arbeitsvermeidung aussehen. Das war ihm aktuell egal. Er wollte nicht gesehen werden, wenn er mit Ringen um die Augen am PC heimlich zockte. Oder aus dem Fenster stierte, aus dem es nicht viel zu sehen gab, außer der Küche eines Büros gegenüber. Ihre Kanzlei sah nur von vorne gut aus. Nur Fassade, der Rest war ein seelenloser Neubau. Seydler stand auf, nahm aus der obersten Schublade eine Visitenkarte und zog sich seinen olivgrünen Wachsjacke über. *Soraya Offenbach* stand auf der Karte. Wenn schon alles grau in grau, dachte Seydler, dann wenigstens mit Happy End. Er klickte auf seine *FreeNow-App* und bestellte sich einen Wagen vor die Kanzlei. Als Ziel gab er Offenbach-Marktplatz an.

XVII

Etwa zur gleichen Zeit zahlte Reitmayr bei *Steman* und erhob sich von dem Holzstuhl. Die Rindssuppe mit Frittaten und die geröstete Schweinsleber waren runtergegangen wie Öl, aber nun fühlte er sich wie eine bleischwere Tonne. »Nehmens doch die U-Bahn zur Staatsoper, wenn's scho oan Parkplatz ham«, hatte die Bedienung in breitem Wienerisch gesagt. Alle Schaltjahre hörte Reitmayr auf solche Hinweise und nahm sich beschwingt vor, etwas mehr U-Bahn zu fahren. Allerdings konnte er sich an seine letzte Fahrt gar nicht mehr erinnern.

Die U-Bahn-Station war zugig und die Rolltreppe lang. Sie führte ihn in die Tiefe dessen, was den Menschen auswies als ein Wesen, das sich die Natur Untertan gemacht hatte. Hier schossen Hohlkörper in Röhren durch die Tiefe, in denen Menschen saßen, um von A nach B zu kommen. Die so sehr nach B kommen wollten, dass sie gar nicht merkten, wie un- und sogar widernatürlich so etwas war. Diese Tiefe, diese Wärme, als wenn man schon mal vorgekocht werden sollte. Es roch nach Stahl und Schmieröl, und der Luftstrom ließ die Züge im Tunnel fauchen, die Räder rumpelten. Reitmayr sah sich auf der mit orangefarbenen Blenden verkleideten Station um. Der Mensch als Herdentier war in sich gekehrt und wartete geduldig ungeduldig. Wer von den Menschen hier würde hier noch sein wollen, hätte man ihnen Geld geboten. Wohl die wenigsten. Er sah die gestresste Mutter mit zwei Kindern an der Hand. Um ihre Augen hatte sich die Last der Arbeit eingebrannt, sie würde in der Kanzlei schon lange nicht mehr oben auf der »Balzliste« stehen. Reitmayr hatte sich diese Regeln nicht ausgedacht, aber er lehnte sie auch nicht aus Zeitgeistgründen ab. Eigentlich war ihm das alles egal.

»Dir ist immer alles egal«, hatte ihm Sarah in der Schlussphase ihrer Beziehung oft an den Kopf geworfen. Es war am Ende ihrer beider Jura-Studien, und mit ihr hatte Reitmayr eine Beziehung, die ihren Namen auch verdiente. Sie hatte lockige, blonde Haare und ein rundes Gesicht. Sie war nicht wie die anderen, deren Namen er sogleich wieder vergaß. Es hatte fast ein Jahr gehalten, Teile dieses Jahres hatte er in wohliger Erinnerung, weil es so etwas wie eine echte Bindung zwischen zwei Menschen war. Doch für Sarah war das, was sie mit Reitmayr hatte, nicht genug, sie wollte mehr – vielleicht war das ja auch ganz richtig, ganz normal, sagte sich Reitmayr jetzt in der zugigen Station. Ihm war aber, wie auch heute, damals ziemlich vieles ziemlich egal. Viele Sachen im Leben hatten für ihn keine Relevanz, und er wollte sich deswegen auch nicht immer wieder ereifern. Vielleicht hätte er ohne seine Ignoranz dem Leben gegenüber auch nichts von dieser zugigen U-Bahn-Station mitbekommen. Wie die anderen, die nur mit sich und ihren Malaisen beschäftigt zu sein schienen. Ein Obdachloser pinkelte schamlos in eine Ecke. Der Geruch von Urin zog an seiner Nase entlang. Innerlich entfuhr Reitmayr der Ausruf »Shit!«, den sein *Youtube*-Star gerne für alles Nervige und Eklige verwendete. Auch wenn er mit diesem jungen Herrn nichts gemein zu haben schien, musste er sich selbst eingestehen, dass er diese herrlich unbefangene, leicht asoziale Art irgendwie doch mochte. In einer anderen Ecke schrie eine Frau unkontrolliert herum. Ihre Haut war von einer langen Duschabstinenz schon ganz dunkel geworden. Zwei Männer feixten und machten obszöne Sex-Gesten und fühlten sich dabei ganz unbeobachtet. Sie waren Banker, das sah Reitmayr sofort. Noch ganz am Anfang ihrer Zwanziger, aber man sah ihnen ihren Weg schon genau an. Sehr schlank, wallendes Haar, halbrunde, dünne Brillengestelle, einen hellbraunen Gürtel lässig um die Mädchentaille geschnürt und – natürlich – Bootsslipper von *Timberland*. An den zarten Armen trugen sie teure Uhren, in ihrem Alter noch kein Ergebnis der Boni, sondern Geschenke zu gesellschaftlich definierten Anlässen. Der eine trug eine halbrunde *Longines Evidenza*, der andere (aus eindeutig noch besserem Hause als sein Kollege) eine *Rolex Datejust* mit goldener Lünette und bicolor Stahlarmband. Reitmayr fuhr sich reflexartig an seinem rechten Handgelenk entlang. Als Linkshänder war er froh, dass die Krone seiner recht bulligen *IWC* auf der rechten Seite lag und nicht beim Anwinkeln des Handgelenks in selbiges drückte. Dafür gab es bei *Panerai* extra Formate für Links- und Rechtshänder. Aber *Panerai* war nichts für ihn, er war ja kein italienischer Kampftaucher. Das hatte er mit den allermeisten Trägern dieser bulligen Uhren gemein, nicht aber deren Geltungsdrang.

Die U-Bahn fuhr mit lautem Rumpeln und Getöse ein. Reitmayr verstand, warum Menschen aus Gegenden der Dritten Welt Panik bekamen, wenn man sie das erste Mal mit solchen sogenannten »zivilisatorischen Errungenschaften« in Kontakt brachte. Wenn man sich die Anmut einer U-Bahn mal etwas losgelöst anschaute, wirkte sie grotesk. Er stieg in den silbernen Zug ein, dessen Türen sich mit einem lauten Zischen öffneten und schlossen, und setzte sich auf einen der Plastiksitze. Der Zug war, wie die Station, orangefarben ausgekleidet, und wirkte wie aus einer anderen Zeit. Vielleicht fuhren sie auch einfach in das Jahr 1982 zurück, statt zur Staatsoper. Er hörte das jodelnde Gekreische und wurde sich noch viel bewusster, warum er die Öffentlichen nicht mochte. Eine »Band« spielte auf, mit grässlichem Sound und kaum verhohlener Verachtung für die Menschen, die ihnen gleich Scheine und Münzen in ihre abgegriffenen Becher spenden sollten. Reitmayr schaute krampfhaft aus dem Fenster auf die vorbeirasenden Kabel an der Wand.

In der Station Staatsoper fuhr er mit der Rolltreppe nach oben und trommelte auf den mitfahrenden Handlauf. 105 Euro hatte ihn die kurze Fahrt mit der U-Bahn gekostet. Er rechnete aus, dass er dafür vier Mal die Strecke mit dem Taxi hätte fahren können. »Oa Ticket hätten's scho gebraucht, Herr Doktor Reitmayr«, hatte der Kontrolleur gesagt. Ja, dachte er sich, irgendwas war da doch, als die Bedienung bei *Steman* ihm riet, die Bahn zu nehmen: das Gefühl, jeder scheinbar gute Vorschlag habe einen Haken. Das war beim Bahnfahren nicht nur die schwer zu beeinflussende Auswahl an Mitreisenden, sondern auch der Ticketkauf. Reitmayr verdrängte diese Notwendigkeit und war dann immer wieder überrascht, dass und wenn man ihn erwischte. Er ließ es geschehen, obgleich er mehr als einhundert Euro ziemlich teuer fand. Er zahlte Ticket und Strafe bar. Die Kontrolleure waren schon weißgrau auf dem Kopf und wirkten so, als wenn sie die Schlussrunde ihres Berufslebens nicht mehr als Bahnfahrer leisten durften. Dieses Schicksal erkannte Reitmayr an. Er wollte so etwas selber auch nicht. Am Ende seines Anwaltslebens nochmal zwei Jahre als Assistent ran? Bitte nicht.

Reitmayr hatte zwölftausend Euro in bar dabei. Er wollte die Schuhe cash zahlen. Es wirkte für ihn richtig, so ein grundlegendes Handwerk nicht mit Karte zu bezahlen. Sein Kumpel bei *Amex* würde ihn dafür auslachen, könnte er doch einfach jeden Betrag mit seiner Graphitkarte begleichen. Aber man konnte mit dieser Karte auch Geld in beliebiger Höhe abheben. Der erste Automat streikte, weil er nicht ausreichend Vorrat an Scheinen hatte, der zweite würgte wie eine Teenie-Maus samstagmorgens an der Bahnhaltestelle, spuckte dann aber doch die zwölftausend Euro aus. Reitmayr steckte sie ungezählt ins Portemonnaie. Wen hätte er an dem gesichtslosen Automaten auch für einen fehlenden Fünfer anzählen sollen? Bei einem der Touri-Stände holte er sich eine überteuerte Pizzazunge, schlang dieses fettige Stück Nahrungssimulation hinunter und goss eine *Coke Zero* hinterher. An den Füßen trug er seine Single-Monks von *John Lobb*, seine Lieblingsschuhe. So wie es ihm die Schuhmacherehefrau gesagt hatte. Nicht zu viel laufen, nicht zu wenig. Jetzt ging ihm auch auf, warum er so bereitwillig den Bahnvorschlag angenommen hatte. Er wollte sich noch ein wenig bewegen, es aber nicht übertreiben.

In großen Lettern stand *Moser* an dem holzgerahmten Schaufenster. Und Reitmayr war mittendrin im lebenden Klischee. Nur etwas Schnee fehlte und hätte alles noch perfekter gemacht. Reitmayr atmete tief ein und schritt über die Türschwelle. Im Laden roch es nach frischem Leder und nach Vergangenheit. Oberhalb der Tür hing eine Glöckchenklingel, die nun bimmelte.

»Guten Tag!«

»Herzlich Willkommen«, kam ein junger Mann auf ihn zu, der nicht Moser sein konnte. Er sprach in hoher Tonlage und wirkte etwas zu affektiert für dieses bodenständige Geschäft.

»Sie sind wohl der Herr Doktor Reitmayr?«

»Der bin ich wohl«, antwortete er mit leichter Ironie.

»Herzlich willkommen bei Moser. Frau Moser hat mich informiert und entschuldigt sich. Ich bin Lukas Gassner und werde mich gerne um Sie kümmern.«

»Ähm, das ist nett, aber was ist denn mit Herrn Moser?«

»Achso, jaja, keine Sorge, der Maître kommt natürlich auch gleich. Er hat aber viel zu tun, wissen Sie. Er konzentriert sich ganz auf das Herstellen schöner Schuhe. Alles andere überlässt er uns. Zum Glück, sonst wären wir ja arbeitslos!«, lachte der drahtige junge Mann mit der Elvistolle. Reitmayr verdrehte innerlich die Augen.

Als er mit einem Verlängerten und einem Wasser der Marke *Römerquelle* (deren Flaschen mit dem großen Hals Reitmayr sehr schätzte) auf einem der braunen Pferdeledersessel quasi thronte, war Reitmayr aber schon fast besänftigt.

»Darf ich Ihnen bitte die Schuhe ausziehen, der Herr?«

Sie hatten in einem kurzen Gespräch seine Wünsche erörtert. Drei Paar Schuhe. Einen Single Monk, einen Boot und einen Captoe Oxford, obwohl er den nicht so gerne trug. Für manche Anlässe war es aber wichtig, nicht durch zu legere Schuhe aufzufallen. Das wusste er aus eigener Erfahrung, und wieder war es Fiedler gewesen, der ihm das auf seine gediegene, zurückhaltende Weise erklärt hatte. Reitmayr schaute durch die Vitrinen, die klassische Schuhmuster und Sonderanfertigungen zeigten. Irgendein Basketballer aus den USA hatte sich hier seine Hochzeitsschuhe in Lack machen lassen, und die waren sicher Größe fünfzig plus.

»Wann würde der Maître denn Zeit finden?«, konnte Reitmayr sich nicht verkneifen zu fragen.

»Jetzt«, brummte es aus dem Hinterzimmer, und eine große Hand bahnte sich ihren Weg durch den schweren braunen Vorhang, der den Verkaufsraum von der Werkstatt abtrennte.

Silvio Moser war ein mittelgroßer, schwerer Mann mit vollem Bart, der früher mal rotbraun gewesen war und langsam grau zu werden begann. Seine Augenpartie, von der konzentrierten Arbeit offenbar besonders beansprucht, kräuselte sich auch ohne Mimik. Seine Hände waren von der handwerklichen Arbeit gezeichnet. Eine dunkelrote Schürze spannte sich um seinen Bauch. Dazu eine helle Blue Jeans zum kaffeebraunen Hemd, und an den Füßen eindeutig handgemachte, grobe Boots aus hellbraunem Leder.

»Sind das Ihre Ersten?«, fragte der Maître ohne weitere Begrüßung.

»Ja«, sagte Reitmayr kurz und ohne weiteren Kommentar. Moser kniete vor ihm, betastete und bedrückte seine Füße und schaute sie sich aus verschiedenen Achsen mit wissenden Augen sehr genau an. Dann winkte er nach seinem Assistenten, der dem Maître erstaunlich wortlos und routiniert das Brett für den Fußabdruck reichte.

»Stehen Sie bitte bequem, aber nicht zu bequem.« Reitmayr stand unbequem.

»Machen Sie sich locker, stellen Sie sich vor, Sie stünden im warmen Sand der Malediven.«

»Kann man da besonders gut stehen?«

»Keine Ahnung, war noch nie da.«

»Achso.«

Reitmayr versuchte, sich zu entspannen.

Moser zeichnete Striche auf das Abdruckpapier und drückte dann Reitmayrs Ferse darauf.

»Hohen Spann haben Sie.«

»Hm.«

»Daher auch Boot und ein Monk.« Er sprach ohne Dialekt, fiel Reitmayr auf.

»Äh, ja.«

»Beim Oxford mehr Leder einplanen«, sagte Moser zu seinem Assistenten, der eifrig mitschrieb.

»Sechs Wochen«, sagte Moser, teilte wieder seinen Vorhang mit der Hand und ging hindurch.

Reitmayr glaubte, Moser hole nur ein Werkzeug oder so, aber er blieb verschwunden.

»Ja, Herr Doktor Reitmayr«, sprach der Assistent in die Leere, die sich einstellte. »Dann sehen wir uns in sechs Wochen.«

»Wie?«

»Ja, der Maître hat nun alles, was er von Ihnen braucht, und in sechs Wochen sind Ihre Schuhe fertig.«

»Ach, das war's schon?«

»Ja, der Maître ist schnell und begibt sich gern wieder zu seiner Arbeit.«

»Und jetzt?«

XVIII

Burchardt parkte in der Tiefgarage des Hochhauses von *Flachs & Delk*. Vanessa Schlichter saß neben ihm. Er nutzte immer einen der freien Plätze in der Nähe des Eingangs, ganz gleich, wessen Nummernschild da angebracht war. Sein Ego sah es als erwiesen an, dass diese Schilder nur für übereifrige Angestellte gedacht waren, die eh meistens Urlaub machten oder früh im Feierabend waren. Er schaute auf das Schild und musste kurz lachen.

»Was gibt's zu lachen?«, fragte Vanessa vom Beifahrersitz.

»Schauen Sie sich mal das Kennzeichen an.« Er zeigte auf das Schild direkt vor ihnen.

Sie las: F-FR 1.

»Welcher Idiot hat sich das denn machen lassen?«, raunzte Burchardt und ärgerte sich zugleich, neben Schlichter so gegrunzt zu haben. Ein Rest Hoffnung, mit ihr vielleicht doch mehr zu haben als eine geschäftliche Beziehung, war noch nicht ganz vergangen, obwohl er wusste, dass seine Marktchancen gering waren.

»Wieso?«, fragte die Schlichter.

»*FFR* ist die Frankfurter Stadtreinigung. Wer lässt sich denn so ein Kennzeichen machen?«

»Achso«, meinte die Schlichter kühl und verstand das Problem nicht.

»Nun ja, egal, lassen Sie uns nach oben fahren«, lenkte Burchardt schnell vom Thema ab. Er wollte nicht noch merkwürdiger auf Schlichter wirken.

Sie fuhren im Aufzug hoch in die Konferenzetage. Schlichter trug ein marineblaues Kleid, das ihre Brüste betonte. Ihre Absatzschuhe waren aus dunkelblauem Wildleder, und am linken Ringfinger trug sie einen Diamanten, von dem Burchardt hoffte, er sei als »Abschrecker« gedacht. Einige Frauen trugen solche Ringe »situationsvariabel« und wechselten sie nach Bedarf vom Mittelfinger zum Ringfinger, um im Zweifelsfalle eine aussichtslose Anmache von vornherein zu verhindern. Diese Zeichensprache musste man verstehen.

Sie wurden von einer Empfangsdame begrüßt – schon wieder einer neuen; sie wechselten immer wieder und waren doch immer gleich: jung, schlank, süß, manchmal sogar kaffeebraun. Aber sie teilten alle das Schicksal, nicht die Intelligentesten zu sein. Deshalb strandeten sie an den Empfängen. Bis einer ihrer ehemaligen Schulfreunde aus Bonames oder Rödelheim in ihr Leben kam und sie schwängerten, worauf sie in gesichtslosen Massenwohneinheiten am Stadtrand ihre Kinderwägen vor sich herschoben.

»Burchardt und Schlichter. Wir haben einen Termin.«

»Herzlich Willkommen. Nehmen Sie doch bitte kurz Platz, Herr Angus.«

»Burchardt.«

»Nein, hier steht Angus.«

»Ja, das ist mein Vorname.«

»Nein, hier steht Angus als Nachname.«

Burchardt merkte, dass sein Blutdruck stieg. Er schloss die Augen und zählte innerlich bis drei, wie es ihm der Antiaggressionstrainer beigebracht hatte. Den hatte er erst für eine langweilige Tunte gehalten, dann aber doch einiges von dem beherzigt, was dieser finanziell ärmliche Mann ihm versucht hatte beizubringen. Das Mentaltraining hatte er auferlegt bekommen, als er mit seinem Hermès-Gürtel an einer Ampel auf die Motorhaube eines Opel Astra einer Dreifachmutter eingeprügelt hatte, weil sie nicht schnell genug losgefahren war.

»Wie dem auch sei«, lächelte er nun. »Wir warten auf die Herren Flachs und Delk.«

»Wunderbar«, lächelte die junge Frau zurück, ohne Reue für ihren Lapsus, den sie selbst gar nicht bemerkt hatte.

Burchardt wünschte sie zur Hölle und schickte sie gedanklich mit zehn missratenen Kindern und einem hartnäckigen Scheidenpilz in die Vorstadt.

»Aber ich wollte dich doch nur überraschen und dir eine Freude machen!«, rief Seydler ihr zu. Er war mit dem Wagen vor dem Wohnhaus von Constanze Neuhaus vorgefahren und hatte ein wenig das Gas spielen lassen. Es sollte eine Versöhnungsgeste sein, die aber so schnell missglückte, wie das Auto auf der Autobahn beschleunigen sollte. Neuhaus keifte von oben aus dem Fenster. Sie wetterte gegen die schädlichen Autos, gegen seine dummen Ideen und besonders gegen diese eine ganz besonders dumme Idee, sie mit einem teuren gemieteten Auto abzuholen und dann noch vor ihrer Nachbarschaft den PS-Protz zu mimen.

Constanze Neuhaus knallte das Fenster zu und warf sich auf ihr kleines Bett. Sie ärgerte sich über Seydler, über die Sache auf Reitmayrs Schreibtisch, vor allem aber ärgerte sie sich über sich selbst. Seydlers Gesicht lag in Trümmern, als sie loswetterte. Sie wusste, sie verletzte ihn schwer. Er meinte es nur gut in seiner ganzen Unsicherheit. Erst verleitete sie ihn zu Sex im Büro seines besten Freundes, ihres Chefs, und jetzt war er am schwimmen. Und sie ließ ihn im Wasser treiben. Neuhaus raffte sich mit einem Ruck auf und verließ das Bett. Sie wusste, zu lange im Bett liegenzubleiben, konnte einen - wie bei Orpheus - in die Unterwelt des Unglücks ziehen. Aus der Vergangenheit hatte sie gelernt, sich in genau solchen Momenten aufzuraffen und aus der magnetischen Wirkung des Bettes zu befreien. Denn mit dem Bett kamen die Gedanken, mit den Gedanken die Gedanken über die Gedanken und dann ein langes Dunkel.

Sie ließ sich ein Bad ein. Das Wasser sprudelte in die Wanne. Sie goss viel, sehr viel Badezusatz hinein und es begann arg zu schäumen. Wie ihre Gedanken, schoss es ihr durch den Kopf. Diese blöden Gedanken. Sie sah die Rasierklingen ihres Mitbewohners im Spiegelschrank und drehte den Kopf ruckartig weg. Stattdessen drehte sie den Wasserhahn in den roten Temperaturbereich und stieß mit dem Fuß ins heiße Wasser. Es war so heiß, dass sich die Haut um ihr Tattoo auf dem Fußrücken sofort rot färbte. Der Schmerz tat gut und half ihr, nicht denken zu müssen.

XIX

Reitmayr ging in leichter Trance über die Straße, kreuzte die Schienen der *Wiener Linien* und steuerte wie von einem Magneten angezogen auf die *Aida* zu. Doch hier handelte es sich beileibe nicht um ein Kreuzfahrtschiff, obwohl ein Besuch dort ebenfalls eine Reise in eine andere Welt versprach. *Aida* war eine Kette von Konditoreigeschäften in Wien, die sich durch ihr Äußeres in das Stadtbild eingebrannt hatten. Grelle, pinkfarbene Leuchtreklame, die wie ein Leuchtfeuer der Zuckerindustrie wirkte. Reitmayr war in manchen Dingen und in manchen Lebenslagen ein Fan von Ketten. Alles hatte seinen (egal wie gelagerten) Standard, und man musste eins mit Sicherheit nicht: nachdenken. Seine Gedanken waren noch dem verwirrenden Besuch bei *Moser* verhaftet, und so ließ er sich in der *Aida* einen Verlängerten und ein Stück Donauwelle bringen und setzte sich an einen der Tische zwischen eine Horde älterer Damen, die dort wie im Film ihren täglichen Kaffee und Tratsch veranstalteten und damit ihre restliche Lebenszeit füllten. Er starrte aus dem Fenster. Hätte er seine Wünsche noch präziser formulieren sollen? Das mit dem Bargeld hatte leider auch nicht so funktioniert, wie er sich das vorgestellt hatte. Denn bei *Moser* nahm man gar kein

Bargeld mehr an. Das müsse man verstehen, so der Assistent von *Moser*, man wolle sich nicht die Aufmerksamkeit des Finanzamts verdienen. Aber seine Kreditkarte nehme man gerne. Der Assistent hatte leicht durch die Zähne gepfiffen, als er die schwarze *Amex* von Reitmayr sah. Der Rest ging so schnell wie das Vermessen. In fünf Wochen melde man sich telefonisch und vereinbare einen Anprobetermin. In der Regel, so betonte der Assistent, sei die Anprobe erfolgreich und man könne die Maßschuhe gleich mitnehmen.

Reitmayr rührte in seinem Kaffee. Radiomusik dudelte aus den Boxen in der Decke. Er war müde. Gleich hinter der Staatsoper, nur ein paar Schritte entfernt, lag sein Hotel. Er schlug etwas zu laut auf den Tisch, sodass die Damen am Nachbartisch erschraken und ihm vernichtende Blicke zuwarfen. Sein Auto stand ja noch am Loquaiplatz! Er war schwer genervt. Nicht wegen des Autos, sondern wegen seines Koffers. Er bezahlte und ging zum Taxistand neben der Staatsoper. Im letzten Moment wich er doch von der Autotür zurück und ging weiter geradeaus, Richtung Fußgängerzone, und bog dann scharf rechts ab. Fast gelangte er wieder zu Mosers Laden in die Mahlerstraße, lief dann aber stringent in die Walfischgasse zu *Plachutta*. Zeit für einen Tafelspitz aus dem Kupfertopf, entschied Reitmayr mit einem Lächeln im Gesicht. Gleich nachdem er platziert war, bestellte er ein Achtel Grünen Veltliner und schaute zufrieden durch den hellen Gastraum. Sein *iPhone* vibrierte. Drei Anrufe von Constanze Neuhaus. Naja, dachte er, später. Vielleicht.

XX

»Meine Herren, ich grüße Sie!«, hob Angus Burchardt an. Sie hatten von der ignoranten Empfangsdame zwei Cappuccino aus der Retorte bekommen und schließlich sich selbst ein Wasser aus dem Kühlschrank geholt. Burchardt hatte die Dame daraufhin doppelt verwünscht. Er zupfte sein Hemd zurecht. Flachs, Delk und Fiedler waren so, wie er sie seit Jahren kannte. Eine Einheit und doch drei völlig verschiedene Persönlichkeiten, die sich aneinander rieben, aber ohneeinander auch nicht konnten. Flachs strahlte kühle Distanz aus, Fiedler war der Grandseigneur in der Konversation und Delk rückte seinen Gürtel zurecht und tupfte sich den Schweiß von der Stirn.

»Darf ich Ihnen Vanessa Schlichter vorstellen? Sie ist unsere externe Wirtschaftsprüferin und Beraterin für den Aufsichtsrat der ZER7-Investment SE, dessen Vorsitz, wie Sie wissen, ich innehabe«, war Burchardts Eröffnung.

Man lächelte und wechselte leere Sätze. Vieles in der Geschäftswelt war wie ein Wiegeschritt beim Tangotanz. Jede Seite wusste mehr oder minder, was zu tun war, und so schaukelte man sich erstmal hin und her, bis man zum eigentlichen Kern vordrang. Je unangenehmer es wurde, desto schneller kehrte man zur Konversation zurück.

»Sie wissen, wir sind Ihrem Hause, also *Flachs & Delk*, sehr verbunden, Sie vertreten seit Jahren unsere Interessen«, sagte Burchardt. »Aber Sie wissen auch, dass wir mit der Leistung eines Ihrer Mitarbeiter…«

»Inzwischen Partner…«, fiel Fiedler ihm ins Wort, was Burchardt vergrämt zur Kenntnis nahm.

»Ja, wie auch immer,« fuhr Burchardt fort, »wir sind aber mit der Leistung Ihres Mitarbeiters nicht zufrieden. Reitmayr, um ihn beim Namen zu nennen, hat sich mir gegenüber in keiner Weise kooperativ und aufgeschlossen gezeigt. Er ist nicht erreichbar, lässt sich durch seine dazu noch sehr frivole Assistentin verleugnen und schafft es, Emails zu schreiben, die kürzer sind als ein Einzeiler. Das ist für einen Anwalt seines angeblichen Formats ungewöhnlich. Fassen wir es kurz: Wir fühlen uns schlecht beraten und fühlen uns durch *Flachs & Delk* in jeder Hinsicht schlecht betreut, weil uns kein anderer Anwalt zugewiesen wird.«

»Nun ja, Angus«, hob Fiedler an und strich über die Tischkante. »Wir wissen von der Problematik und den Disharmonien zwischen Ihnen beiden. Allerdings ist Doktor Frederic Reitmayr von seinem Qualifikationsprofil in der M&A-Praxis her genau der Anwalt, den Sie für Ihre Fusionen und Aufkäufe brauchen. Dass es persönlich…«

Burchardts Verstimmung waberte fühlbar im Raum. Der Hinweis auf Reitmayrs Promotion stach ihn, da er, trotz aller finanzieller Erfolge, seine Dissertation nicht beendet hatte. Dass Fiedler dies bei der Benennung von Reitmayr so betonte, empfand er als weiteren Affront.

Delk kniff regelmäßig die Augen zusammen. Entweder lag es an der Blendung durch die Sonne oder er war mal wieder völlig übermüdet von seinem rastlosen Frauenkonsum, dachte Burchardt. Flachs hingegen war still und dennoch hellwach.

»Angus, wie lange kennen wir uns?«

»Alfred, seit Jahrzehnten, das sollte aber unser Geschäft weder belasten noch beschönigen.«

»Natürlich, natürlich.« Flachs rückte seinen *Montblanc* auf dem Tisch zurecht und schaute aus dem Fenster.

»Angus, Sie wissen, wie es am Arbeitsmarkt zurzeit ist. Wir haben aktuell die höchste M&A-Expertise in Herrn Doktor Reitmayr. Nach der ungeplanten Abwanderung des M&A-Teams unter Doktor Schorst können wir Sie in dieser Weise nur durch Herrn Reitmayr betreuen lassen. Das ist, das gebe ich gerne zu, keine befriedigende Situation. Das tut mir auch leid, aber wir können in der aktuellen Lage kein neues Praxisteam einkaufen, wenn wir nicht wissen, wie es mit den Großmandaten weitergeht.«

»Aber«, so Burchardt, »wie kann ich mich darauf verlassen, dass Sie nach der Verlängerung nicht einfach so weitermachen? Ich sehe da aktuell ein Perspektivproblem und wir sähen das in den Aufsichtsräten gerne vor der Verlängerung gesichert gelöst.«

Vanessa Schlichter räusperte sich. »Meine Herren«, sagte sie leise, aber sehr bestimmt, »die ZER7-Investment SE ist eine ernstzunehmende Gesellschaft, und wir sind verpflichtet, eine bestmögliche Beratung und Prüfung zu ermöglichen. Leider ist das in der aktuellen Personalkonstellation offenbar nicht möglich. Auf meine Emails hat Doktor Reitmayr bisher noch gar nicht geantwortet. Ich kann daher die Gesellschaft nur aufgrund der wenigen mir vorliegenden Unterlagen beraten – und prüfen schon gar nicht. Das darf nicht die Praxis sein und führt nicht zu den Ergebnissen, die wir erzielen könnten.«

Flachs zog die Augenbrauen zusammen und das Kinn nach unten. Dabei erinnerte er Burchardt ein wenig an Mister Burns aus der *Simpsons*-Serie, die er mit seinen Kindern dann und wann angeschaut und sich dabei fast wie ein guter Vater gefühlt hatte. Frau Schlichter würde ihrem Namen keine Ehre machen, das merkte er. Ihr blondes Haar war streng zurückgekämmt und am Hinterkopf zusammengebunden, ihr Blick ernst. Sie war der wahre und ernstzunehmende Gegner. Burchardt hätte man durch Herrenfreundschaft noch umstimmen können – im Notfall, fügte er in Gedanken hinzu. Aber Frauen wie Vanessa Schlichter kannte er von anderen Consultancies. Unbeirrbar, verbissen und nüchtern wie einst in der Prohibition.

Flachs wusste, dass sie grade am Abgrund entlangschrammten. Die ZER7-Investment SE war eines der beiden elementaren Großmandate, die sie bei ihrem gewachsenen Wasserkopf brauchten, um über die Runden zu kommen. Gleichzeitig war ihnen die wichtige und überaus einträgliche M&A-Praxis zur Konkurrenz abgewandert. Damit hatten sie weder gerechnet, noch konnten sie das Umsatz- und Ertragsloch so schnell schließen. Auf der Zeitachse rückte dann die Verlängerung des Mandats mit der ZER7-Investment SE in viel zu schnelle Nähe. Dass sich Reitmayr und Burchardt nicht grün waren, setzte den Schwierigkeiten noch die Krone auf. Flachs hatte sich selten auf das Aussitzen einer Situation verlassen, aber bisher war ihm kein besserer Weg eingefallen. Bis er merkte, dass sie irgendwas ändern mussten.

Es klopfte an der Tür. Die Empfangsdame kam herein.

»Könnten Sie bitte Frau Neuhaus zurückrufen? Es sei dringend«, sprach sie Flachs an, meinte aber Fiedler.

Flachs schaute irritiert. Die jungen Leute kannten die Firmenspitze wohl nicht mehr. Fiedler schaltete sich galant ein. »Ach, wahrscheinlich meinen Sie mich. Was ist denn los?«

»Ich weiß nicht, aber hier ist der Zettel«, sprach sie und verschwand aus dem Raum.

»Was will die Assistentin vom Reitmayr so dringend von dir, Albrecht?«, war das Erste, was Delk in der Sitzung sagte und sicher auch das Erste, was er dachte.

Reitmayr war fertig mit der Welt. Nachdem er sich als Dessert noch die Topfen-Obersnockerln gegönnt und mit einem *illy*-Espresso aus einer dickwandigen Tasse nachgespült hatte, half auch kein Grappa mehr. Der Gedanke, noch das Gepäck aus seinem Mietwagen holen zu müssen, erfüllte ihn fast mit körperlichem Schmerz. Er hinterließ der motivierten jungen Bedienung ein nicht sexuell gemeintes Trinkgeld und verließ das inzwischen volle und ziemlich aufgewärmte Lokal. Draußen atmete er tief durch. Er bog nach rechts ab in die Fußgängerzone, die er sonst mied, weil sie die touristische Einöde schlechthin war. Drei Straßenecken weiter gab es aber einen gut sortierten Tabakhändler, bei dem er nun eine kleine Zigarre kaufen wollte. Sein *iPhone* vibrierte wieder: Fiedler. Er lehnte ab. Wenn er nochmal anriefe, würde er rangehen, versprach er sich selbst.

Reitmayr saß in einem namenlosen Außencafé in der Fußgängerzone und rauchte in sanften Zügen seine Zigarre. Er fühlte sich leicht, die Müdigkeit zog ihn nicht runter. Sie gab ihm stattdessen ein Gefühl der abgekapselten Schwerelosigkeit. Er schlenderte beschwingten Schrittes Richtung Staatsoper und stieg in ein Taxi. Sie fuhren los, der Fahrer schwieg angenehm und wusste zu fahren.

Es vibrierte in seiner Brusttasche. Fiedler.

»Ja, Herr Professor?«

»Wo sind Sie?«, stieg Fiedler grußlos in das Gespräch ein. Das ließ Reitmayr im Fond nach oben rutschen.

»In Wien, wieso?«. fragte er.

»Kommen Sie sofort nach Frankfurt zurück!«

»Warum, ist wieder was mit meinem Lieblingsmandanten?«

»Das wäre schön«, sagte Fiedler mit einer für ihn gänzlich untypischen Ironie.

»Aber Herr Professor, worum geht es denn dann?«

Schweiß stieg ihm auf die Stirn, sein Kragen wurde eng, die Welt verschwamm. Er legte auf.

»Fahren Sie zum Flughafen, sofort!«, herrschte er den Chauffeur an.

»Ja, aber wollten Sie nicht zum Loquaiplatz?«

»Nicht mehr nötig.«

Reitmayr hatte mit zitternden Fingern einen Flug nach Frankfurt gebucht. Er musste sich beeilen und rannte verschwitzt mit seiner Schuhtasche durch den riesigen Flughafen. Sein Gepäck aus dem Mietwagen würde er sich von *Sixt* nachsenden lassen; die Kreditkarte würde es regeln.

XXI

Burchardt zog den Schlüssel aus seiner zu engen Hosentasche und knallte ihn in die sündhaft teure Schale auf der Theke neben der Kochinsel. Das Meeting war nicht so verlaufen, wie er es sich vorgestellt hatte. Vor der Schlichter hätte er gerne einen erbarmungsloseren Kurs gefahren und sich als Macher und Entscheider präsentiert. Stattdessen hatte er sich wieder von den Freundlichkeiten seiner alten Siez-Kumpels einwickeln lassen. Die trugen heute feine Anzüge, ihre Haut war faltig, die Haare lichter geworden, aber dennoch empfand er eine Form von Heimat bei allen drei »Senioren« von *Flachs & Delk*. Ihm war dieses Gefühl unangenehm. Burchardt wollte keine Emotionen in dieser für ihn zu starken Form haben. Das lehnte er ab. Die Schlichter nahm ein Taxi. Er hatte spekuliert, sie womöglich fahren zu können, noch ein wenig Zeit zu zweit mit ihr zu haben. Aber sie hatte sich direkt ein Taxi herangewunken.

Burchardt griff in den Weinschrank und holte eine Flasche seines portugiesischen Rotweins heraus. Er nahm den Öffner und ließ den Korken sanft herausgleiten. Der Rotwein plätscherte in das mundgeblasene Glas einer deutschen Manufaktur. Er ließ den Wein Schlieren ziehen, und seine Gedanken flogen in gleicher Weise durch den Raum. Burchardt stellte das Glas auf den Marmorblock, griff nach seinem Telefon und wählte die Nummer von *Giovannis Bistro* in der Liebigstraße. Tagliatelle mit Lachs sollten den Abend richten, mitsamt seiner Flasche Wein und später einer Valium. Vielleicht nahm er noch ein Bad. Er schlüpfte in seine Alltagsslipper von *Louis Vuitton* und nahm die Stufen im Stakkato. Reitmayr muss weg, dachte er. Andererseits wäre es auch eine seine Position gefährdende Strategie, wenn er keine geeignete und wirklich passende Anschlusskanzlei fände. Dann würde er sich entblößen gegenüber den Vorständen. Abwarten, dachte er sich. Das Wort hatte er erst vor kurzem gelernt.

XXII

Es roch nach Zement. Wie auf einer Baustelle. Und schlussendlich war das hier auch eine Baustelle. Er schaute hoch und merkte, dass er noch immer dort war, wo er nicht hätte sein wollen. Denn sein Dasein bestätigte ihm, dass es wirklich wahr war, worüber Fiedler ihn am Telefon unterrichtet hatte. Er hatte ihn noch nicht gesehen, auch nicht gehört. Aber irgendwo hier war er. Hinter einer dieser Metalltüren.

»Kaffee?«, wurde Reitmayr, der auf dem Flur auf einem der Hartschalensitze Platz genommen hatte, von einer freundlichen Stimme gefragt. Er blickte hoch.

»Ob Sie einen Kaffee wollen, Chef?«

Es war Constanze Neuhaus, die ihn wohlwollend anblickte.

»Was machen Sie denn hier?«

»Das gleiche wie Sie. Auf Seydler warten.«

»Wissen Sie, wie es ihm geht?«

»Auch nicht viel mehr als Sie. Er ist mit dem bescheuerten Sportwagen auf der A66 ins Schleudern gekommen und in die Leitplanke gerutscht.«

»Wie schlimm ist es?« Reitmayrs Augen hatten sich geweitet.

»Ich weiß es nicht. Aber er lebt, das zählt.«

»Aber *wie* lebt er? Wann bekommen wir Bescheid?«

»Eigentlich gar nicht.«

»Wieso nicht?«

»Weil wir keine Angehörigen sind, Chef.«

Das hatte er gar nicht bedacht. Wie hätte er Seydlers Eltern erreichen sollen? Da erst fiel ihm auf, dass er für eine solche Situation gar nicht vorbereitet war. Und das ärgerte ihn.

»Hier, Ihr Kaffee. Habe Ihnen einfach einen mitgebracht.«

»Danke.«

Es war so ein ganz klassischer Kaffee im Riffelbecher aus Plastik wie in einer amerikanischen Soap. Der Kaffee dampfte und schmeckte schlecht, wärmte aber in der kalten Atmosphäre der Notaufnahme die Hände.

»Sind Sie die Angehörigen von Herrn Seydler?«, kam eine Ärztin im Kittel aus dem Untersuchungsraum.

»Nein, wir sind seine Freunde.«

»Dann dürfte ich Ihnen eigentlich nichts sagen, aber Herr Seydler gab mir sein Einverständnis, bevor...«

»Bevor was?«, fragten Reitmayr und Neuhaus wie mit einer Stimme.

»Bevor wir ihn in den OP gebracht haben. Es geht ihm so weit gut. Er ist stabil. Eine Oberschenkelfraktur, eine Gehirnerschütterung und ziemlich viele Hämatome. Aber im Vergleich zu dem Hochrasanztrauma, das Ihrem Freund heute widerfahren ist, ist das eine ziemlich gute Bilanz.«

Und da sprach man immer von kühlem Juristenhumor.

»Wir informieren seine Eltern und Sie können jetzt nach Hause gehen. Morgen wird Herr Seydler auf Normalstation sein und Sie können ihn besuchen.«

Reitmayr fuhr in die Tiefgarage seines Wohnhauses und ließ den *TT* auf seinen Parkplatz rollen. Scheißschnelle Autos, dachte er. Wahrscheinlich beherrschten sie uns doch mehr als wir sie. Aus dem Fahrstuhl schritt er in seine Wohnung und blickte über den Main. Der floss wie eh und je in aller Ruhe dahin. Reitmayr nahm sich ein *Sanbitter* aus dem Kühlschrank, öffnete die kleine Flasche und ließ die hellrote Flüssigkeit in ein Glas mit Eis und einer Orangenzeste rauschen. Er stellte sich auf den Balkon und trank das bittersüße Getränk in kleinen Schlucken.

»Das Auto ist Schrott«, hatte ihm Seydler morgens um 06:11 Uhr per *WhatsApp* geschrieben. Reitmayr hatte danach direkt die *Nespresso*-Maschine neben seinem Bett gestartet und sich einen Kaffee in die bereitstehende Tasse laufen lassen. Die Nachricht beruhigte ihn. Seydler schien glücklicherweise nicht allzu großen Schaden genommen zu haben, wenn ihn direkt morgens das Pech um seinen Mietwagen beschäftigte.

Apropos Wagen, dachte Reitmayr. Der Hausmeister, den sie alle heimlich »Jesus« nannten, hatte schon Reitmayrs neues Kennzeichen in der Tiefgarage von *Flachs & Delk* angebracht. »Jesus« hieß eigentlich Josef Schwitters und statt »Hausmeister« hatte er den angelsächsischen Begriff »Facility Manager« auf sein Namensschild gedruckt bekommen. Ihm selbst war das herzlich egal. Er war ein sehr schweigsamer Mensch, der seit zehn Jahren für *Flachs & Delk* arbeitete und in stoischer Ruhe die Aufträge abarbeitete. Schwitters hatte schneeweiße, lange Haare, die er zum Zopf zusammenband. Dazu hatte er immer einen guten Rat parat – wenn er denn wollte und die Kollegen mochte. Meistens schwieg er.

Reitmayr checkte seinen Email-Eingang. Ob das *Porsche*-Autohaus ihm wohl geschrieben hatte? Bisher nichts. Er taperte durch die Wohnung und ließ die Dusche anlaufen. Er hatte erst mit Mitte dreißig begriffen, dass man die verdammte Dusche erst anmachen und das Wasser warm werden lassen konnte, ehe man sich darunterstellte, statt sich immer vom kalten Anfangsstrahl erschrecken zu lassen.

Reitmayr stand in der Küche und drückte das frisch gemahlene Kaffeepulver im Siebträger fest, ließ denselbigen dann in der Maschine einrasten und drückte den Knopf zum Start. »Spam!«, schoss es ihm durch den Kopf. Er checkte seinen Spam-Ordner und – welche Überraschung – da war die Mail vom Autohaus. Sein Fahrzeug war abholbereit. Und obgleich die Sache mit Seydler ihn noch beschäftigte, vereinbarte er einen zeitnahen Termin zur Abholung.

Reitmayr saß im Büro und suchte eine Ausrede, sich nicht um die M&A-Geschäfte von Burchardt kümmern zu müssen. Er hasste diesen fetten, widerlichen Typen. Doch auch er merkte langsam, dass seine Renitenz, die ihm als Partner niemand abzusprechen wagte, im Geschäftsalltag nicht dauerhaft funktionierte. Er kaute auf einem *Faber-Castell*-Bleistift herum. Beim Studieren von Akten benutzte er immer einen 3B-Bleistift, weil das für ihn der beste Härtegrad für seine Anmerkungen in Schriftsätzen war. Da der Stift öfter anzuspitzen war, hatte er sich am Goetheplatz im *Faber-Castell*-Shop einen ledernen Anspitzer mit Auffangbehälter gekauft. Der Wind fegte durch die Schluchten zwischen den Hochhäusern und der Herbst kündigte sich mit aller Vehemenz an. Leichte Regentropfen drückten gegen die Hauswand und bildeten Schlieren auf den Fensterscheiben. Es wurde ungemütlich; und wohl nicht nur draußen.

Es klopfte. »Chef?«, fragte die Neuhaus.

»Ja?«

»Herr Professor Fiedler für Sie.«

»Ich lasse bitten. Herr Professor, hallo.«

»Herr Reitmayr, ich grüße Sie.«

Reitmayr zeigte auf seinen zweiten *Eames Chair*. Fiedler trug einen dunkelgrauen Anzug mit Weste, dazu eine Paisley-Krawatte im gleichen Ton wie das mintfarbene Einstecktuch. Blitzblanke Oxford-Derby-Schuhe schlossen seinen Look nach unten hin ab.

»Wie geht es Herrn Seydler?«

»Den Umständen entsprechend besser als gedacht. Er

hat eine bereits operierte Oberschenkelfraktur und ein paar Hämatome. Wird alles wieder.«

»Die Hauptsache. Das ist die Hauptsache«, sinnierte Fiedler.

»Herr Kollege, ich will Sie nicht bevormunden oder gar den Chef spielen…«

»Sie *sind* der Chef.«

»Und Sie sind Partner wie ich auch.«

»Nun ja.«

»Wie dem auch sei. Ihr, sagen wir mal, Clinch mit Herrn Burchardt muss zu einem späteren Zeitpunkt weitergeführt werden. Sie sind unser M&A-Spezialist mit der entsprechenden Expertise. Es geht um die beiden Großmandate, Sie wissen es so gut wie ich. Da geht es um alles. Seit dem Weggang von Doktor Schorst und seiner M&A-Praxis hängt alles an Ihnen. Wir waren auf dem Auge blind. Nie hätte ich gedacht, dass der Schorst uns hier so sitzen lässt. Nach fünfzehn Jahren in dieser Kanzlei.«

»Hätte man das nicht absichern müssen?«

»Hätte Ihr Freund nicht besser aufpassen sollen beim Fahren? Klar, jetzt sind wir alle schlauer. Aber man ruht sich halt aus. Herr Delk sowieso. Und Herr Flachs zeigt auf mich, ohne das zu sagen.«

»Und jetzt?«

»Liegt es an Ihnen.«

»An mir?«

»Stellen Sie sich mit Burchardt gut. Alsbald. Entschuldigen Sie sich, zeigen Sie Demut.«

Reitmayr verzog das Gesicht.

»Tun Sie es für mich. Bitte.«

»In Ordnung, Herr Professor.«

»Übrigens, was verbindet Sie mit der Frankfurter Straßenreinigung?«

»Wie meinen?«

»Naja, F-FR 1 als neues Kennzeichen auf Ihrem Garagenparkplatz?«

Reitmayr fuhr den *TT* durch die Neue Mainzer Straße, um dann zu drehen und über den Main auf die Südseite zu fahren. Dann glitt er am Ufer entlang und fuhr über die Honsellbrücke wieder zurück auf die Nordseite Frankfurts gen Hanauer Landstraße. Als die Honsellbrücke damals per Schiff angeliefert und in Position gebracht wurde, stand er mit Sarah Arm in Arm am Ufer und schaute bei diesem Wunderwerk der Ingenieurskunst zu. Jetzt parkte er den *TT* auf dem *Porsche*-Parkplatz und ging in den Verkaufsraum.

»Herr Doktor Reitmayr, wie schön!«, kam ihm der Verkäufer mit ausladender Geste entgegen. Seinen *TT* wollte er später von einem Fahrzeugkurier abholen lassen. Die Papiere waren fertig und der Verkäufer zeigte stolz auf den Fahrzeugschein mit dem Kennzeichen. »Schön, dass Ihre Initialen frei waren, nicht?«

»Nun ja, wenn ich gewusst hätte, dass *FFR* die Abkürzung der Frankfurter Stadtreinigung ist, hätte ich es wohl nicht genommen. Ich bin ja nicht deren Chef.«

»Was nicht ist, kann ja noch werden«, flötete der Verkäufer mit seiner *Rolex GMT Master II* mit der *Pepsi*-Lünette am Handgelenk. Er wollte es mit einem Witz retten, aber Reitmayr fand es nicht lustig. Das merkte sogar der oberflächliche Verkäufer sofort.

»Gehen wir in die Auslieferungs-Halle?« Reitmayr nickte.

»Lassen Sie den Lack auf sich wirken. Wenn es in der Wüste heißt, es gibt tausend Schattierungen von Braun, dann gilt das auch für unser Schwarz.«

Der Verkäufer ging um den mit einem Tuch verdeckten *Porsche* herum und ergriff hinten am Fahrzeug das Tuch. »Sind Sie bereit?«

Reitmayr nickte. Das Tuch flog nach hinten weg und Reitmayr pfiff durch die Zähne. Das war ein Wunder der Technik. Wie die Brücke, die sich in ihre Position drehte. Reitmayr sah das Kennzeichen. Es war so schön kurz und aufgeräumt. Aber der Gedanke an die Straßenreinigung... Nicht dass er die Menschen dort irgendwie verachtete, ganz im Gegenteil. Manchmal glaubte er, sie könnten mit ihrer viel »echteren« Arbeit viel mehr Zufriedenheit gewinnen. Aber er wusste, welchen Hohn er sich von seinen Kollegen würde anhören dürfen. Die Demütigung war das eine Thema, aber es auszuhalten, es immer und immer wieder aufs Butterbrot geschmiert zu bekommen, dieser Kraftakt nervte ihn schon jetzt. Das störte ihn wirklich an den Büromenschen, die so waren, wie Wilhelm Genazino sie in seinen Werken karikiert hatte: die Lisa und die Michelle aus der Personalentwicklung;

der Ruben und der Sven aus der Talent-Acquisition. Wie sie gackernd und glucksend, mit einer Bowl vor ihrem trendigen Shirt, sich über völlig dämliche Sachen lustig machen konnten und dabei doch nur über ihre eigene Sinnlosigkeit hinwegtäuschen wollten. Denn die meisten wussten schon, dass sie ohne Strom und festes Dach über dem Kopf verloren wären. Sie konnten nichts außer dem Umgang mit Regeln, die sich ein System über Jahrzehnte geschaffen hatte, um Dinge zu reglementieren, von denen die Regelnden oft selbst nicht so genau wussten, ob die Regelung wirklich das Problem löste oder es erst erschaffen hatte.

Reitmayr mochte es, mit Worten Genauigkeit herzustellen und damit in Verlängerung auch eine irgendwie geartete Gerechtigkeit – wenn es die denn überhaupt gab. Es war nämlich alles gar nicht so leicht. Das hatte er im Jurastudium gelernt und verinnerlicht. Es war einfach nichts mal so eben schnell zu regeln. Die Sichtweisen der Menschen divergierten extrem. Das Recht und die Ansicht von Recht und damit auch die Gerechtigkeit unterlagen einem stetigen Wandel. Es gab kein »fertig«. Es ging immer weiter. Genauso wie die Menschen auf die Welt kamen und starben und wieder neue geboren wurden, die wieder starben. So häutete sich auch das Gesetz als Abdruck der jeweils lebenden Menschen. Und es war viel Arbeit, die feinen Nuancen des Status quo zu ändern und adäquat anzupassen und sie den Menschen dann auch noch zu vermitteln. Wenn er so darüber nachdachte, war sein Job doch gar nicht so sinnlos, allerdings optisch ergebnislos. Man sah die fertige Arbeit nicht. Das Werk selbst befand sich im metaphysischen Raum, und die meisten Menschen interessierte es nicht. Laufen musste es, das wollten alle.

Vorsichtig fuhr Reitmayr mit seinem neuen Prachtstück um die Ecke. Er wollte das Auto nicht gleich innerhalb der ersten zehn Kilometer zu Schrott fahren. Er hatte mal einen *BMW*-Fahrer gesehen, der mit seinem neuen *6er* vom Hof der *BMW*-Niederlassung auf die Hanauer Landstraße einbog und vor der blonden Dame an der Pforte offenbar angeben und gekonnt lässig wenden wollte. Was er allerdings übersah, war die Straßenbahn, die von rechts kam und ihm gleich ein Stück des Kotflügels wegriss und das Unglücksauto samt Fahrer laut bimmelnd vor sich herschob. Reitmayr blickte damals dem völlig konsternierten und dann wütenden Autofahrer hinterher. Der hatte den Straßenbahnfahrer angehen wollen, bis er sah, wer da in der Fahrerkabine saß. Es war der in Frankfurt als *Bahnbabo* bekannte, wahnsinnig populäre Peter Wirth, der eigentlich ein friedliebender Mensch war, aber durch seine beeindruckende Physis den Autofahrer doch innehalten ließ. Wer legte sich schon mit einem durchtrainierten, Spagat machenden Mann an, der Arme, so muskulös wie Oberschenkel, hatte?

Reitmayr tippte aufs Gas und stellte zufrieden fest: Ist da. Da geht was. Was auch sonst, dachte er. So etwas konnte auch nur jemand zufrieden feststellen, der von Haus aus keine *Porsches* gewohnt war. Reitmayr fuhr langsam, fast schleichend durch die Stadt und gönnte sich eine zaghafte Runde über den Cityring. An der Ampel am Eschenheimer Tor schaute er auf seinen Sperrbildschirm. Eine E-Mail von Constanze Neuhaus: »Bitte bei Hrn. Burchardt melden. Grüße CH.« Er stöhnte auf und verpasste die Grünphase. Lautes Hupen setzte ein. Auf der Litfaßsäule fokussierte er einen Werbespruch für Erste Hilfe: »Lieb sein hilft!«, stand da in orangefarbenen Lettern. Ok, dachte Reitmayr. Dann schauen wir mal, ob das hilft, und drückte die Nummer von Burchardt.

Reitmayr saß mittlerweile in seinem Bürostuhl und ärgerte sich über seine Rückenschmerzen. In einer Reportage hatte er gesehen, dass sogar Martin Suter sich in seinem Hotelzimmer in Heiligendamm ein Stehpult hatte aufstellen lassen. Er googelte nach Stehpulten, fand aber keines, das ihm auf Anhieb und vor allem preislich gefiel. Ganz intuitiv griff er nach dem Hörer und wählte die Nummer von »Jesus«.

»Schwitters«, meldete sich dieser am Telefon.

»Ja, hier Reitmayr.«

Beide hatten nur wenig miteinander zu tun, aber wenn, dann waren sie immer sehr respektvoll und aufrichtig miteinander umgegangen und gegenseitig aneinander interessiert gewesen. Darum erkundigte sich Reitmayr auch aus ehrlichem Interesse, was Schwitters in seinem Hausmeisteralltag alles zu bewältigen habe. Auch wenn viele Berufsträger Jesus´ Arbeit nicht wirklich zu schätzen wussten, war dem Hausmeister klar, wer und was er in dieser Welt war, und ließ sich weder von Attitüden noch scheinbaren Insignien der Macht beeindrucken. Schwitters war wie die Schweiz: neutral und nicht zu beeinflussen. Immerhin hatte Reitmayr es verstanden, so viel Vertrauen zu ihm aufzubauen, dass Schwitters manchmal sogar zu einem, wenn auch kurzen, Kaffee blieb. Er wusste, dass Schwitters in seinem ererbten Haus allerlei Werkarbeiten erledigte und sich wahrscheinlich mit vielem besser auskannte, als Reitmayr die Dinge je hätte ergoogeln können.

»Sagen Sie, Herr Schwitters, ich plage mich mit Rückenschmerzen, und ich hätte gern ein Stehpult, finde aber nichts Adäquates. Meinen Sie, also nur eine unverbindliche Frage, wäre es Ihnen vielleicht möglich, so etwas zu bauen?«

Er hörte nichts in der Leitung. »Herr Schwitters? Sind Sie noch da?«

»Ja, bin ich. Nun, wissen Sie, ich selbst habe dazu wohl keine Zeit. Wir bauen grade unser Haus um. Hanglage, fünfzig Jahre alt. Da bedarf es grad großer Eigenleistungen.«

»Ah, ich verstehe, gar kein Problem.«

»Aber wissen Sie, da fällt mir grad jemand ein, der Ihnen vielleicht helfen könnte. Wie hieß die junge Dame doch nochmal…«

Man hörte ihn Karten durchblättern. In seinem dunklen Büro im Erdgeschoss des Hochhauses leuchtete immer eine alte Bürolampe. Manchmal schaute Reitmayr kurz in diese Abgeschiedenheitsidylle. Er überlegte: Welche junge Dame sollte ihm denn bei einem Stehpult helfen können? Und stellte sich natürlich gleich eine junge Frau in Highheels vor, wie sie ihm ein Pult hineintrug. Chauvinist! würde die Neuhaus rufen.

»Ah, jetzt habe ich es. Sina Schmida, Schreinerin aus dem Frankfurter Nordend. Ich kenne die junge Dame um drei Ecken, und sie hat sich als Schreinerin selbstständig gemacht. Wollen Sie ihre E-Mail?«

Reitmayr schrieb sich die Adresse auf und dankte Schwitters für die schnelle Hilfe. Später besuchte er die Website der Schreinerin und war ungewollt angetan von ihr, schob den Gedanken aber gleich wieder weg und dachte an sein neues Pult. Vielleicht aus Zedernholz oder Mahagoni? So etwas ließ man sich nur einmal im Leben bauen. So eine Belohnung hatte er sich heute verdient. Sie trug stufig geschnittenes, kastanienbraunes Haar und eine Brille mit runden Gläsern. Wie alt sie wohl sein mochte? Sein *iPhone* blinkte, Seydler schrieb ihm. »Kann dein *Porsche* auch Krücken transportieren?« Reitmayr schnappte sich sein nachtblaues Sakko und fuhr los.

XXIII

Wie schwierig das Einsteigen plötzlich wurde, wenn man nicht mehr richtig fit war, dachte Reitmayr, als er Seydler auf den Beifahrersitz des *Porsches* hievte. Die Krücken verstauten sie im Fond.

»Und, wo wollen wir hin?«

»Wo es schön ist!«

»Na, dann ins Nordend.«

»Nicht wenn dir dein neues Auto etwas wert ist.«

»Achso, ja stimmt. Nicht dass es aus rituellen Gründen angezündet wird.«

»Sag deiner Freundin Bescheid, dass sie uns Geleitschutz gibt.«

»Hm, besser nicht. Es hat sich nach dem Unfall alles wieder einigermaßen eingerenkt, im wahrsten Sinne, aber vielleicht reiten wir besser nicht auf den sozialen Themen rum.«

Reitmayr parkte aus und ließ den Motor aufheulen.

»Der ist da«, bemerkte Seydler trocken. Reitmayr grinste.

»Sind wir kindisch?« fragte Reitmayr.

»Ja.«

»Ist uns das peinlich?«

Seydler überlegte. Er dachte an seine Zeit im Krankenhaus. An die Momente in der Notaufnahme, als er seinen Oberschenkelknochen am Muskel kratzen spürte. Als er schrie, ohne schreien zu wollen. An seine letzten Eindrücke, bis ihn das *Isofluran*-Gas seiner Sinne beraubte. Er bekam eine Gänsehaut.

»Nein. Es bedeutet, wir leben noch.«

»Aber was bedeutet es, zu leben?«

»Nicht so zu werden, wie die meisten sind. Postlebend.«

Beide schwiegen und blickten in den Verkehr. Der Himmel hatte sich zugezogen und es begann zu regnen. Die Scheibenwischer taten einen hervorragenden Job. Der Schein der Rücklichter vor ihnen brach sich an den Tropfen auf der Frontscheibe. Reitmayr stellte die Heizung höher, warme Luft umflutete ihre Körper. Wie behütet man sich doch in einem Fahrzeug fühlen konnte. Reitmayr strich mit der Hand über das Leder an der Türinnenseite. Mit den Fingerspitzen fuhr er über die Nähte und genoss die Verarbeitung so sehr, dass er direkt feuchte Augen bekam. Er drückte an seinem *iPhone* auf *Youtube* und ließ Charles Aznavours *Hier encore* erklingen, dessen rasche zarte Töne sich leise mit dem gleichmäßigen Tropfen des Regens verbanden. Reitmayr und Seydler schwiegen und genossen diesen Freundschaftsmoment, der ihnen eine innere Zufriedenheit bescherte.

Reitmayr rollte in die Tiefgarage des Palmengartens und stellte das Auto auf einen Behindertenparkplatz.

»Äh, sag mal, Reitmayr – jetzt schon das Porschediplom in der Tasche?«

»Das weniger, aber warte, bis wir dich hier gemeinsam rausgezogen haben.«

»Achso, stimmt.«

Seydler hatte seine Verletzung für den Moment vergessen. Im Sitzen war es fast wie früher. Nur wenn er aufstehen wollte, merkte er, dass er auf der A66 nur knapp mit dem Leben davongekommen war.

Reitmayr spannte einen Schirm auf, und mit langsamen Schritten gingen sie Richtung *Café Siesmayer*. Dieses elegante, traditionsreiche Café mit den exquisiten Kuchen und einem direkten Blick in den Palmengarten war der Tipp für alle, die es sich leisten konnten. Und im Westend konnte man es sich leisten.

»Sag mal«, fragte Reitmayr als sie sich hingesetzt hatten, »wollen wir nicht Urlaub machen? Einfach irgendwohin, wo es warm ist?« Seydler dachte nach.

»Tja, also Urlaubstage hätte ich genug und auch bald...«

»... Geburtstag!«

»Genau, das auch noch. Die runde Vier. Ganz toll. Aber...« Er zeigte auf die Krücken.

»Darf ich dich mit etwas überraschen?«

»Weiß nicht?«

»Ich habe eine tolle Idee, wie wir Krücken, Geburtstag und uns feiern können.«

Reitmayr lächelte Seydler an. Der war sich noch nicht schlüssig, ob sein Freund wirklich etwas Gutes im Sinn hatte.

»Puff open end?«, fragte er grinsend.

»Nein, nein, wir wollen ja deinen Oberschenkel nicht

gleich wieder brechen, wenn Olga dich zurechtreitet und wegen der Sprachbarriere deine Hilfeschreie als Lustgewinn deutet.«

»Du Penner!« Aber Seydler lachte dabei.

»Interkulturell temporär inkompetent.«

»Sag ich ja, Penner.«

»Hast du dich denn um die Übernahmesache von Burchardt gekümmert?« Reitmayr schaute erst sauer, dann lachte er. »Ob du es glaubst oder nicht: ja. Aber mit wie viel Mühe…«

»Warum machst du nicht einfach mal deinen Job – besonders bei dem?«

»Warum sollte ich? Ich bin Partner.«

»Fragt sich, wie lange noch.«

»Keine Sorge. Was soll schon passieren?«

»Tja«, Seydler blickte aus dem Fenster, »so bin ich auch auf die A66 gefahren.«

XXIV

Reitmayr hatte sich extra eine Checkliste gemacht, um nichts zu vergessen. Er stand auf seiner Terrasse und blickte auf den Main. Der floss unruhig und mit hohem Wasserstand an seinem Penthouse vorbei. Die Airline hatte ihm per E-Mail nochmals alle Flugdaten bestätigt. Abflug um 14:30 Uhr ab Frankfurt, Landung knapp eine Stunden später. In Egelsbach hätten sie tausend Euro Abfluggebühren gespart, aber die kürzere Anfahrt war es ihm wert. Die schwarze *Amex* hatte es wieder gerichtet. Denn für die Buchungen musste auch noch eine Sicherheitsleistung geblockt werden, was die meisten Kreditkartenlimits gesprengt hätte. Er hatte eine Limousine mit Chauffeur bestellt, und die würde Seydler und ihn direkt an den Flieger bringen. Vor Ort hatte er sie in einem der besten Hotels eingemietet. Drei Tage würden sie bleiben. Die Nacht für sechshundert Euro – je Zimmer – nebst fünfundsechzig Euro fürs Frühstück pro Tag und Person.

Reitmayr dachte sich: Okay, wozu das Geld sinnlos sparen, wenn das Leben auch mal sehr schnell zu Ende sein konnte, wie man an Seydlers Unfall sah, der leicht hätte schlimmer ausgehen können.

»Ich bin um 12:45 Uhr bei dir vor der Tür und hole dich ab. Pack Sachen für drei Tage«, schrieb er ihm.

»Was machen wir?«, fragte Seydler zurück.
»Lass dich überraschen. Aber nicht zu Olga.«
»Na dann.«

Er ließ die Schlösser seines *Rimowa*-Koffers aufschnappen und legte das Geschenk für Seydler, eine signierte Originalausgabe von Oliver Sacks, als erstes in den Koffer. Reitmayr checkte seine Mails und ging durch die Küche, um sich noch einen Kaffee aus der Siebträgermaschine zu kredenzen. Reitmayr blickte noch einmal auf seinen hölzernen Esstisch und dachte dabei an Alfred Biolek, der fast sein ganzes Leben von immer demselben Holztisch begleitet wurde. Biolek liebte seinen Esstisch so sehr, dass er einen Schreiner bat, ein Stückchen Holz davon herauszusägen, das er in einen Siegelring fassen ließ. Reitmayr strich genüsslich über die lackierte Tischplatte aus Nussbaumholz. Der Schreinerin Sina Schmida hatte er immer noch nicht geschrieben. War das kindisch? Er ging auf die fünfzig zu (er griff beim Alter immer ein wenig voraus) und war von einem Bild von ihr, das leidlich die Wirklichkeit einfangen konnte, begeistert gewesen.

Sein Telefon klingelte, anonym. Er wollte nicht rangehen und tat es dann doch.
»Ey, Anwalt!«, schallte es aus dem Telefon. Der *YouTube*-Star.
Reitmayr schaute resigniert auf seine Kaffeebohnenmühle und drückte die Starttaste, damit die Mahlgeräu-

sche den Anrufer übertönten. Sie einigten sich auf einen neuen Termin dieser Tage, und Reitmayr wollte schnell auflegen.

»Reden Sie wieder mit ihm?«

»Mit wem?«

»Na, mit Ihrem Freund?«

»Achso, jaja, muss ich ja.«

»Müssen Sie?«, fragte der *YouTube*-Star. Reitmayr weigerte sich immer noch, sich seinen Namen zu merken.

»Naja, was soll man sonst machen? Sich immer neue Freunde suchen?«

»Hat man bei euch überhaupt Freunde?«

»Wie – bei uns?«

»Unter euch Anwälten. Euer Job ist es doch, euch gegenseitig zu ficken.«

»Also bitte.«

»Ist doch so, Digga.«

Reitmayr verabschiedete sich, ohne das Thema weiter auszuführen. Vielleicht war der Typ ein Trottel. Aber er schien weniger dämlich zu sein als manche von Reitmayers Kollegen.

XXV

»Darf ich bitten?«, fragte Reitmayr galant, als er Seydler die Tür der schwarzen S-Klasse aufhielt.

»Womit habe ich das verdient?«

»Wollte dir mal was für Menschen mit Krücken bieten.«

»Sehr witzig. Gar nicht heute die Müllabfuhr am Start?« Seydler spielte auf Reitmayrs neues Kennzeichen an.

»Nein, die Stadtreinigung hat ihren Syndikus mit dem besten Kennzeichen heute in den Urlaub entsorgt.«

»Hoffentlich umweltverträglich.«

»Wenn du gleich siehst, wie wir… naja, lass dich überraschen.«

»Solange wir nicht mit einem Heißluftballon irgendwohin fliegen.«

»Nein, aber so ähnlich.«

Sie fuhren auf die Südseite des Mains und sahen zur Linken die Uniklinik mit ihrer erneuerten, in der Sonne glänzenden Fassade, zur anderen Seite die Bebauung der Mainuferlinie für die richtig Reichen. Das war hier selbst für Reitmayr etwas zu teuer. Als er sich im Karpfenweg ein Penthouse für fünfundzwanzigtausend Euro den Quadratmeter angeschaut hatte, realisierte er, dass auch er nur in einer Liga von vielen spielte. Irgendwie fand er das beruhigend, es hatte ihm Halt im Raum gegeben.

Sie glitten mit der luftgefederten Limousine auf die A5.

»Wohin fahren wir, Reitmayr?«

»Lass dich überraschen!«

»Aber bitte keine Tour in den Odenwald. Auch mit ´ner S-Klasse habe ich da keinen Bock drauf.«

»Nein, nein.«

Sie verließen die Autobahn und drehten in Richtung *Cargo City Süd*.

»Aha, lass mich raten: Abenteuerurlaub für Krückenversehrte als Frachtstück?«

Reitmayr lachte, und auch der instruierte Fahrer grinste, sagte aber nichts.

»Naja, mit deinen Krücken hat es schon zu tun.«

»Komm, verarsch mich nicht. Das ist unfair.«

»Das wirst du gleich nicht mehr denken.«

»Wenn du mich in die Pferdebox bindest und mir Hafer reichst?«

»Dazu fehlt dir der Nasenring der Neuhaus.«

Seydler guckte genervt.

»Sag mal, hängt da manchmal auch Rotze dran?«

»Fick dich!«

Sie bogen auf den Parkplatz ein, in der Ferne hörte man Turbinen surren. Durch das halboffene Fenster wehte ein Hauch von Kerosin.

»Was ist denn *GAT*?«

»General Aviation Terminal.«

Reitmayr wusste, dass er mit weiteren grenzwertigen Witzen erstmal an sich halten musste, wenn sie im engen Raum des Flugzeugs nicht, wie ein altes Ehepaar, einen Anschweigerekord aufstellen wollten. Martin Parrs Fotoserie »Bored Couples« erschien vor seinem geistigen Auge.

»Die guten Ziele werden heute von hier aus bedient«, meinte er noch.

Das Gebäude wirkte wie ein Flughafen, den man zu heiß gewaschen hatte. Alles war vorhanden, was man von Flughäfen kannte, aber eben alles in Miniaturausführung. So wirkte selbst der Beamte hinter dem Schalter auch ziemlich klein, bis Seydler bemerkte, dass der Mann einfach nur klein war. Ein Zufall?

»Herr Doktor Reitmayr, Herr Seydler, richtig?«

Eine junge Frau in dunkelblauem Hosenanzug und weißer Bluse kam auf sie zu. Am Revers pendelte eine ID-Card.

»Jawohl, das sind wir«, sagte Reitmayr.

»Herzlich Willkommen. Mein Name ist Mirjam Weixelbaum. Darf ich Ihnen noch einen Champagner servieren? Wir sind natürlich schon startbereit, allerdings mögen es die meisten unserer Gäste, mit dem Blick auf das Flugzeug noch ein kleines Getränk zu sich zu nehmen. Sie wissen ja, Vorfreude ist die beste Freude.« Sie lächelte servil.

»Alter, Reitmayr, hat die *Lufthansa* auf Honeymoon-

Reisen umgeschult?«

»So ähnlich. Komm, lass uns einen Schluck nehmen, bevor es losgeht.«

»Ja, aber wann geht denn der Flug?«

»Wann wir wollen.«

»Hä? Seit wann ist Abflug Verhandlungssache?«

»Naja, nicht ganz frei wählbar, aber wir haben einen dreißigminütigen Slot.«

»Bist du besoffen?«

»Noch nicht. Während des Fluges dann wohl schon.«

Seydler begriff immer noch nicht.

»Schau doch mal raus.«

Das hatte Seydler bisher nicht getan.

»Flugzeuge.«

»Ja, und das da drüben links«, er zeigte auf eine schwarze Gulfstream G650 mit einem silbernen Schweif, der sich schwungvoll am Seitenleitwerk hochzog, »das ist unsere Maschine.«

»Reitmayr! Nicht dein Ernst!«

»Doch. Zu deinem vierzigsten Geburtstag am 01.11. nur das Beste.« Seydler bekam den Mund kaum zu.

»Das ist unsere Maschine?«

»Für den Weg an unser Ziel heute schon.«

»Du bist verrückt.«

»Frag das deine Freundin.«

Mirjam Weixelbaum kam mit zwei gekühlten Champagnergläsern und öffnete vor ihren Augen eine Flasche *Moët*.

»Ist es Ihnen recht, wenn wir die Flasche während des Fluges weiter nutzen, oder möchten Sie, dass ich im Flug eine neue öffne?«

»Das geht in Ordnung. Danke, Mirjam.«

Seydler nahm verdutzt das Glas, das Mirjam ihm hinhielt und stieß reflektorisch mit Reitmayr an. »Das sind noch keine Glückwünsche, wir sind ja abergläubisch«, sagte dieser, »aber auf einen schönen Urlaub!«

»Ja, danke, aber das kostet doch eine Unmenge.«

»Nichts, was ich nicht redlich verdient hätte. Und zur Partnerschaft hab´ ich mir ja auch noch nichts gegönnt.«

»Ähm? Die *IWC* für 30k?«

»Ja, aber nun werd mal nicht kleinlich.«

»In wessen Welt?«

»In Burchardts.«

Sie lachten und stießen nochmal an.

»Wo ist denn eigentlich mein Koffer?«

»Der ist schon im Flugzeug, Herr Seydler«, antwortete Mirjam.

»Der ist schon im… aber der war doch grad noch…«

»Ja, Herr Seydler, wir haben diese Aufgabe gerne für Sie übernommen!«

Seydler stutzte. Und ein wenig kamen ihm die Tränen.

»Wir fliegen. Mit einem Privatjet. Jetzt so in echt.«

»Ja, Alter, ganz in echt.«

Beide blickten mit geröteten Augen auf den schwarzen Jet. Hier ging es nicht um Luxus, hier ging es um Befreiung aus einer früheren Zeit.

Die Tür fuhr automatisch hoch und Mirjam schloss

mit einem gekonnten Griff den Hebel mit einem satten »fump«. Der Kapitän hatte sich beim Einsteigen vorgestellt. Ein erfahrener Mann mit Glatze und ruhigem Timbre in der Stimme, der auf den verheißungsvollen Namen »Regen« hörte.

»Der Name ist aber heute nicht Programm. In…«, er stockte und schaute Reitmayr an, »…an unserem Zielort ist bestes Wetter und auch die Strecke dorthin wird ruhig wie eine Fahrt auf dem Nordostseekanal.« Beim Einsteigen blickte die junge Copilotin kurz von ihren Papieren auf und tippte dann geschäftig weitere Daten in das Flight-Management-System. Das war Reitmayr wichtig gewesen. Immer zwei Piloten. Schon Jahre beschäftigte sich Reitmayr mit der gewerblichen Luftfahrt. Nicht zuletzt der tragische Absturz des *McFit*-Gründers Rainer Schaller hatte ihn wieder daran erinnert, nie einen single-hand-operated flight zu buchen.

Apropos: Seine *McFit*-Mitgliedschaft hatte er seit Jahren schon nicht mehr in Anspruch genommen, aber ihm gefiel der Gedanke, diesen günstigen Ansatz weiter zu unterstützen. Denn für viele Menschen brachte Kraftsport die Entspannung vom harten Realleben - und eines der teuren Studios, in denen Reitmayrs Kollegen trainierten, konnte sich doch sonst kaum einer leisten.

Sie ließen sich in die Sitze fallen. Es war wie Ankommen im Himmel. Das weiche, kaffeefarbene Leder. Die Polsterung, die sich an ihre Körper schmiegte. Reitmayr streichelte die Armlehnen. Seydler schaute herum, wie um sich zu vergewissern, dass er wirklich hier war.

»Meine Herren, darf ich Ihnen noch die Sicherheitsinstruktionen geben?«

»Ja, aber außer uns will es wohl keiner wissen«, antwortete Reitmayr und spürte ein aufgeregtes Giggeln in seiner Stimme. Selbst die sonst so langweilige Sicherheitsunterweisung wurde nun zum Abenteuer.

Die Triebwerke waren schon hochgefahren, als sie einstiegen, und nun rollten sie schwungvoll aus eigener Kraft aus der Parkposition heraus. »Eine Durchrollposition!«, wie Reitmayr fachmännisch anmerkte. In den Displays sahen sie das Kamerabild, das die Sicht aus dem Flugzeug zeigte. Sie rollten zur Startbahn 07 rechts und leichter Nieselregen setzte ein. Kapitän Regen scherzte kurz, dass sein Name doch oft auch Programm sei, aber gleich nach dem Durchstoßen der Wolkendecke warte die Sonne auf sie.

Die Beschleunigung war eine andere als in großen Flugzeugen. Sie zischten los und wurden in die Sitze gedrückt. Reitmayr hielt sich am Leder fest. Nach knapp fünfhundert Metern erhob sich das Flugzeug in die Luft, leicht wie eine Feder, und das Fahrwerk zog sich surrend ein. Linkerhand sahen sie die Frankfurter Skyline. Knapp zwei Minuten später strahlte ihnen die Sonne ins Gesicht und blendete sogleich. Hier oben war es also garantiert, das schöne Wetter, dachte Reitmayr. Sie hörten, wie Mirjam langsam begann, den Bordservice hinter dem Vorhang vorzubereiten. Beide nickten einander zu und hingen ihren Gedanken nach. Das Flugzeug rauschte dahin, und plötzlich war erstmal alles egal.

Mirjam servierte ihnen ein hervorragend temperiertes Sushi auf einer gestärkten Tischdecke und reichte dazu gut temperierten Sake und stilles Wasser. Neben aller Freude breitete sich in Reitmayr auch ein wenig Erwartungstrauer aus, weil dies alles, dies so Wunderschöne, doch nicht dauerhaft möglich war. Er versuchte daher, sich alles so genau wie möglich einzuprägen. Vielleicht brauchte man diesen Speicher später einmal. Vor kurzem hatte er irgendwo gelesen, der richtige Zeitpunkt sei nie, daher solle man einfach machen. Das hielt er für einen blöden Kalenderspruch. Jetzt aber waren sie genau richtig. Beide hier in der Maschine auf dem Weg an ihr sonniges Ziel.

»Sag mal, wo fliegen wir eigentlich hin?«

»Der Weg ist das Ziel!«

»Ja, Herr Spinoza, aber wo genau führt der Weg hin?«

»Lass dich überraschen!«, intonierte Reitmayr leise mit dem typischen Akzent von Rudi Carell.

»Solange es nicht an den Goldstrand geht.«

»Was hast du gegen eine echte Party?«

»Keinen passenden Pilotenschein, um unsere Flugrichtung zu ändern.«

»Es wird eine Party, aber mit Niveau.«

Die Bordküche hatte eine eingebaute Siebträgermaschine, und Mirjam kreierte ihnen einen Espresso in vorgeheizten Tassen. Dazu gab es handverlesene Pralinen.

Nach etwa einer Stunde verließ die Maschine die Reiseflughöhe, und Mirjam bat, dass sie sich anschnallen sollten. Die Sonne stand tiefer als im Sommer, doch machte der wolkenlose Himmel dieses winterliche Phänomen der Nordhalbkugel wett. Durch die Seitenscheiben sahen sie viel Wasser, und Seydler rätselte immer noch, wo sie waren, da Reitmayr wohlweislich organisiert hatte, dass keine Flugwegkarte angezeigt wurde.

»Du denkst auch an alles«, hatte Seydler gesagt. »Du Anwalt!«

Sie sahen auch weiterhin nur Wasser und sanken und sanken, bis plötzlich die Landebahn unter ihnen auftauchte und Kapitän Regen die Maschine bei bestem Herbstwetter auf den Beton aufsetzte , den Umkehrschub aufzog und abbremste. Wo, zum Teufel, waren sie, fragte sich Seydler.

Die Sonne stand gegen sechzehn Uhr schon ziemlich tief. Schließlich hatten sie Ende Oktober. Allerdings wehte ein südlicher Wind mit einem Hauch Wärme über das Vorfeld des Flughafens. Auf einem der Gepäckwagen konnte Seydler endlich lesen, wohin es sie im Süden verschlagen hatte. In die Stadt von Donna Leon und ihren Erzählungen zwischen Häusern, die wie Ruinen wirkten und vom Wasser nach und nach erodiert wurden. Sie waren in Venedig.

Wie schön, dachte Seydler, und Reitmayr fühlte sich gleich wohl in der nicht zu warmen Atmosphäre dieser Stadt.

Mirjam und Kapitän Regen wünschten einen schönen Aufenthalt, die Copilotin war schon mit der Planung des nächsten *Legs* beschäftigt.

»Und wie kommen wir nun in die Stadt?«, fragte Seydler.

»Dafür haben wir auch hier unsere Leute«, lachte Reitmayr. Reitmayr setzte sich seine *Ray Ban* auf und winkte ein Taxi heran.

»In Italien übrigens keine Limousine, hier wollen wir ja cool sein.«

»Cool sein, ok«, wiederholte Seydler.

»Per favore guidaci in strada via Doge Michiel, grazie", raunte Reitmayr dem Fahrer zu.

«Du kannst Italienisch, Reitmayr?"

«Sometimes."

«Fahren wir zum Strand?"

«Nein, zum Supermarkt."

Sie brausten los, und obwohl die Wege kurz schienen, fuhr der Fahrer so, als würden achtzig Kilometer vor ihnen liegen.

«Das ist ja ernsthaft ein Supermarkt!"

«Ja, wir kaufen uns etwas Proviant und dann gehts aufs gemietete Boot", sagte Reitmayr und wandte sich wiederum dem Taxifahrer zu: »Per favore! Aspetta qui fino al nostro ritorno.« Der Taxifahrer nickte und spielte auf seinem Handy. Sie kauften eine Flasche Wein, eine Flasche *Pellegrino* und einen Flaschenöffner, vier Gläser, zwei Zitronen, ein paar Dosen mit eingelegtem Gemüse und Fisch. Dazu ein Ciabattabrot. Reitmayr bezahlte in leicht lässiger Pose, er hatte sein Hemd aufgeknöpft.

Sie bestiegen wieder das Taxi und fuhren an den Taxistand des Lido. Reitmayr winkte ein Taxiboot heran, sie verluden ihre Koffer und den Proviant.

»San Lazzaro, per favore.«

Der Bootsfahrer stieß sie von der Kaimauer ab und schob die Gashebel nach vorn, der Bug des Bootes hob sich. Das Wasser rauschte an den Bootsseiten vorbei, der Wind verwirbelte ihre Haare. Schon wieder so ein Moment. Nach wenigen Minuten kamen sie am Bootssteg Lazarro an und stiegen aus. Reitmayr wies das Wassertaxi an zu warten.

»Dies ist eine Insel zwischen San Marco und dem Lido mit einem armenischen Kloster und angeschlossener Kirche. Es ist wunderschön.«

»Wie kamst du da drauf?«

»Schon mal gegoogelt?«

Beide lachten.

Sie setzten sich auf eine niedrige Mauer und breiteten den Proviant aus. Der Himmel war wolkenklar, das Meer ruhig. Das Wasser rauschte und kräuselte sich an der Bucht. Der Wind strich ihnen über die Haut und zog an ihrer Kleidung. Sie brachen das Brot und öffneten die Konserven.

»Sag mal, Reitmayr, was tun wir hier eigentlich?«

»Leben«, entgegnete dieser völlig unüberlegt.

»Fühlt sich gut an.«
»Cheers, mein Freund!«
»Cheers!«

XXVI

Das Wassertaxi brachte sie anschließend nach San Marco ins *St. Regis-Hotel.* Es war eine Mischung aus klassischem Design mit deutlich modernen Anteilen. Reitmayr hasste altmodische Plüschhotels und hatte deswegen das *St. Regis* gewählt. Und natürlich, weil es fünf Sterne hatte. Nach dem Einchecken gönnten sie sich jeder eine Stunde im Zimmer zum Duschen und Frischmachen. Seydler nutzte die Dusche, um an die Rezeptionistin zu denken, die sie so freundlich empfangen hatte. Reitmayr dachte an Ähnliches, jedoch fiel ihm beim Anblick der Anrichte wieder die Schreinerin ein. Er wählte kurzerhand ihre Nummer, und nach dem dritten Klingeln nahm sie ab. Atmete er schneller als sonst?

»Schmida, hallo?«

»Ja, hallo, also eher guten Abend, ich hoffe, ich störe nicht?«

»Wer spricht denn da?«

»Achso, hallo, mein Name ist Frederic Reitmayr von *Flachs & Delk*. Jesus, also ich meine Herr Schwitters, gab mir Ihre Daten.«

»Ah, hallo. Wie kann ich Ihnen helfen?«

Sie klang von Beginn an reserviert. Aber ihre Stimme gefiel Reitmayr genauso wie ihr Gesicht.

»Ich bräuchte ein Stehpult für mein Büro und Herr Schwitters hat leider keine Zeit. Er hat mir Sie empfohlen.«

»Ah, ja. Und wie eilig wäre es Ihnen?«

»Ach, aktuell eigentlich gar nicht. Ich bin derzeit in Venedig.«

Er griff sich an den Kopf. Warum gab er bloß diese Informationen preis?

»Ach, diese arme Stadt, völlig überrannt. Sind Sie wenigstens mit dem Zug hingefahren?«

»Nein, mit dem Privatjet geflogen.«

Er hörte förmlich ihr Augenrollen durch den Hörer. Scheiße, dachte er. Wahrscheinlich war sie ökologisch unterwegs.

»Nun ja, eine Ausnahme, verstehen Sie? Mein bester Freund wird vierzig.«

»Na dann.« Verachtung klang aus ihrer Stimme und die Zahl vierzig war für sie wohl eher der Beweis, von einem alten weißen Mann angerufen worden zu sein.

»Also, wenn Sie mit Ihrem Jet wieder zurückgefunden haben, können Sie sich ja wieder melden. Aber ich warne Sie jetzt schon: Meine Arbeit ist teuer.«

»Ich bin auch teuer«, entglitt es Reitmayr aus seinem trockenen Mund.

»Das unterscheidet uns sicher. Ich rede von meiner Arbeit, Sie von sich.«

»Gut, ich melde mich. Benötigen Sie noch Informationen von mir?«

»Nein, guten Flug.«

Sie legte auf. Reitmayr schlug auf die harte, kalte Marmorkonsole im Bad und schaute sich im Spiegel an. Haare auf dem Kopf, aber das Hirn leer wie der Supermarkt am Samstagnachmittag. Er ärgerte sich über so viel diplomatische Dummheit und griff zum Telefon. Er bestellte einen espresso doppio – pronto per favore. Dann schmiss er sich aufs Bett, stellte den Wecker und wartete auf das Ende des Ärgerns.

Seydler saß derweil mit einem frisch gestärkten Hemd mit diesen irgendwann mal modisch gewesenen farbigen Innenkrägen auf der Dachterrasse des Hotels und schaute in die langsam untergehende Sonne, die das ganze Panorama illuminierte. Er hatte eine Cola in der Hand und wirkte trotz der Krücken glücklich. Das Hotelpersonal hatte ihm einen samtbezogenen roten Hocker für sein Bein hingestellt, und die Krücke ruhte auf einem extra Stuhl.

Hunde saßen schlechter, dachte Reitmayr und schaute seinem Freund ein wenig beim Sein zu. Das sind die wichtigen Momente des Lebens, dachte er. Einfach nur sein, nur vor sich hin sinnieren, wenn die Zeit stillzustehen schien, was sie natürlich nie tat. Aber manchmal verhielt sie sich so.

»Der Herr Geheimrat?«

»Ah, der Herr Privatjet.«

»Na, wie geht's dir?«

Seydler schaute in die Ferne und schloss ein Lächeln an. »Wie soll's einem hier schon gehen, außer fabelhaft?«

»Stimmt. Haste recht.« Reitmayr winkte die Kellnerin herbei und bestellte sich einen Gin Tonic. »Du auch?«

»Danke, ich bleibe bei Cola light.«

»Wir müssen nicht sparen«, lachte Reitmayr.

Beide lachten und schauten in die Sonne. Als der Gin Tonic kam, stießen sie an und schwiegen. Die Loungemusik waberte unaufdringlich über ihre Köpfe, und die anderen Gäste unterhielten sich auch nur gedämpft. Alle schätzten die Atmosphäre.

»Ich habe vorhin Sina Schmida angerufen«, begann Reitmayr erneut das Gespräch.

»Sina wer?«

»Schmida. Die Schreinerin, die mir Herr Schwitters empfohlen hat.«

»Jesus?«

»Ja, Jesus persönlich.«

»Und?«

»Verkackt auf ganzer Linie. Wie man sich mit so wenigen Sätzen…«

»Wolltest du ein Stehpult aus Stahl von ihr?«

»Sehr lustig. Nein, ich finde sie toll.«

»Einen Menschen, den du gar nicht kennst?«

»Wie findest du nochmal Jennifer Lopez?«

»Stimmt.«

»Ich habe mich so dämlich angestellt.«

»Wieso?«

Reitmayr skizzierte kurz das Telefonat, Seydler hörte zu und schwenkte sein kühles Glas, in dem die Eiswürfel klimperten.

»Ja, gut, die große Liebe auf das erste Klingeln wird es nicht. Aber wart nur ab, du kennst das doch auch. Manchmal ist der Start eben nicht der Beginn von allem.«

Reitmayr zog die Augenbrauen hoch. »Hm.«

»Ich habe mir erlaubt, etwas Antipasti zu bestellen.«

Die Kellnerin kam mit einer Platte mit Brot und Oliven und ausgewählten Käsesorten an ihren Tisch.

»Oh, ja, sehr gern«, sagte Seydler und rieb sich die Hände. »Das ist ja Käse von *Waltmann*?«, stellte er konsterniert fest.

»Aus Erlangen in die ganze Welt. Die wissen hier wohl, was gut ist.« Reitmayr lächelte zufrieden.

Seydler rückte unbeholfen auf seinem Stuhl nach vorne: »Sei so wie du bist, und sie wird dich mögen.«

Reitmayr blickte seinen Freund in der Abenddämmerung an.

Wahre Freundschaft brauchte wenig Worte und viel Verstand.

Das Wassertaxi fuhr schneller, als es Reitmayr lieb war. Seydler hingegen kämpfte mit seinem immer noch maladen Bein, klagte aber nicht. Reitmayr hatte ein Lokal in einer versteckten Seitenstraße ergoogelt.

»Das ist *der* Tipp überhaupt. Steht im Internet.«

»Dann muss es ja stimmen. Ist es wenigstens indisch?«

»Wenn wir in Venedig sind?«

»Scherz.«

»Jurist.«

Sie klatschten sich mit den Handflächen ab. Ihre Hemden flatterten im Fahrtwind des schaukelnden Bootes.

»Kann man sich dran gewöhnen.«

»Joa. *Flachs & Delk* Frankfurt – Paris – Venedig.« Reitmayr grinste.

»Wenn das mit Burchardt so weiterläuft, dann besser *Reitmayr & Seydler* Venedig.«

»Ja, bei unseren Italienischkenntnissen… sollten wir machen.«

»Das Restaurant hat übrigens einen eigenen Bootsanleger. Und du bald Geburtstag.«

»Ok, überzeugt.«

XXVII

Am Bootssteg fiel beiden der Herr mit den gegelten Haaren und den ausladenden Gesten auf. Er parlierte in einer Art gebrochenem Halbitalienisch mit den Wirten des Restaurants, die wie betäubt von seiner Aura wirkten. Neben ihm standen ein blasser, etwas dicklicher Mann, der verschüchtert dreinschaute, und eine dunkelhäutige, kräftige Frau mit einem bunten Etwas an Kleidung. Sie tat alles, um die ganze Welt wissen zu lassen, wie nervig sie den Herrn fand, der aber offenbar ihr Begleiter war.

Einer der Wirte löste sich aus dem Gespräch, anscheinend glücklich, einen Grund gefunden zu haben, nicht mehr den Ausführungen des Gastes mit dem goldenen Siegelring folgen zu müssen.

»Buona sera, die Herren! Wie geht es Ihnen?«, begrüßte er sie auf Deutsch.

»Guten Abend! Sie sprechen Deutsch?« fragte Seydler erstaunt.

»*Sì!*«

»Woher wissen Sie denn, dass wir Deutsche sind?«

»Das sieht man«, lachte der Wirt, der seine Krawatte mit einem doppelten Windsorknoten gebunden hatte. Reitmayr sah sofort, dass sie nur von *Kiton* sein konnte. Am Handgelenk trug er, wie von Reitmayr erwartet, einen

»Gästedistanzierer«, eine *Royal Oak* von *Audemars Piguet*. Damit zeigte er den Kennern: Ich bediene euch zwar, aber ich ziehe daraus meinen Schnitt. So zumindest urteilte mal eine Managerzeitschrift, die Reitmayr im Wartezimmer seines »First-Class«-Zahnarztes auf der Fressgass in die Finger bekam.

»Möchten Sie sitzen schön?«

»Ach, wenn Sie's hässlich hätten, nähmen wir das als Deutsche auch ganz gern«, lachte Seydler.

Der Wirt stimmte in Seydlers Lachen ein und deutete in Richtung eines Tisches im Außenbereich, der einen lauschigen Blick in die Wassergasse bot.

»Ein sehr schöner Tisch für Sie, meine Herren. Sie mögen es doch romantisch?«

»Oh, aber wir sind nicht…«, begann Reitmayr.

»Jaja«, grinste der Wirt, »nur ein Scherz.«

Sie setzen sich an den runden Tisch. Die Tischdecke war weiß und so kräftig gestärkt, dass man mit ihr hätte einen Menschen erschlagen können. Die kunstvoll gefalteten Servietten sollten wohl einen Schwan darstellen. Das Besteck war aus Silber und bestens poliert.

»Reitmayr, gut ausgesucht. Aber wo sind hier die Touristenmassen?«

»Die können die Website nicht finden.«

»Hm?«

»Weil es sie nicht gibt und der Google-Eintrag von einem Feinkostladen spricht.«

»Oh, Falschaussage gegen die Weltbehörde. Sieh mal einer an.«

»Aber wie du siehst, es wirkt.«

Reitmayr blickte sich um. Der dickliche, auffallend nervige Gast gestikulierte immer noch auf den anderen Wirt ein. Er hatte sich einen Herrenschal um den Hals gelegt, dessen Enden leicht im Wind wehten, und der dicke Siegelring glänzte schon allein seiner Größe wegen. Der Mann und die Frau in seiner Begleitung standen wie Statisten daneben. Der Mann knibbelte an seinem Hemd, das über die Jeans hing, die Frau verdrehte regelmäßig die Augen und vergewisserte sich, dass irgendwer Anteil an ihrem Schicksal nahm.

»Die Karte, meine Herren«, unterbrach der Wirt Reitmayrs Gedankenfluss.

»Grazie«, antwortete Seydler.

»Oh, der Herr Globetrotter.«

»Oui!«, antwortete Seydler.

»Ach, meine Herren«, merkte der Wirt räuspernd an. »Gleich nimmt der Herr mit seinen beiden Begleitungen am Nachbartisch Platz. Er ist ein Stammgast, seit Jahren. Seine - ähm - Freunde, kennen wir nicht. Er ist manchmal etwas, wie nennt man das - kontaktfreudig?«

»Das ist kein Problem«, antwortete Reitmayr, der heute so entspannt war, dass ihm alles egal zu sein schien. Auch wenn ihn dieser Herr irgendwie an Angus Burchardt erinnerte. Doch genau diesen Gedanken schob er rasch beiseite und erinnerte sich an ein Mantra, was er von einer Dame, die den Jakobsweg beschritten hatte, gehört hatte: *drop the thought*. Genau das tat er nun und blickte in die Menükarte.

Sie bestellten als Vorspeise eine Minestrone, danach einen Zwischengang, bestehend aus Ravioli mit Flusskrebsen und Safranschaum. Als Hauptgang sollte ihnen Seeteufel mit Salbei und Parmaschinken munden. Und den Nachtisch ließen sie auf Vorschlag von Reitmayr offen – so hatte er es bei Fiedler gelernt.

»Guten Abend die Herren!«, kehlte es plötzlich neben ihnen und Seydler zuckte zusammen. Der Herr mit den beiden stummen Figuren in seiner Begleitung nahm nun raumfüllend am Tisch neben ihnen Platz. Er richtete seinen Schal und ächzte etwas dabei. Die Begleiter setzten sich stumm, die Dame weiterhin widerwillig.

»Und was treibt Sie beide hierher?«, ließ er den Faden nicht abreißen. Seine Art zu reden machte klar, dass er es gewohnt war, Gespräche zu eröffnen.

Reitmayr räusperte sich. »Tja, wir machen einen Kurzurlaub.«

»Ach, auf Pärchen angelehnt?«

Reitmayr und Seydler schüttelten den Kopf. Die Dame fasste sich mit theatralischer Geste an die Stirn.

»Mangold, was quatscht du die Leute voll!«, ergriff sie nun entnervt das Wort, aber der Angesprochene fuhr fort: »Darf ich vorstellen: Künstlerin Alba, mein Freund Reuter und natürlich ich. Mangold, sehr angenehm!«

Er reichte Reitmayr die Hand und danach Seydler, der automatisch Mangolds Händeschütteln erwiderte.

»Ja, wir machen auch einen spontanen Urlaub, wissen Sie?«

»Aber nur Reuter ist dein Freund«, plärrte die Dame im bunten Etwas sofort heraus.

»Sie sehen: Künstler! Immer den ganz eigenen Kopf«, lächelte Mangold servil. »Die beiden haben mich letztens in Zürich gerettet. Ich war etwas zu schnell unterwegs und kam kurzzeitig in Gewahrsam, mein Auto war leider auch kaputt und meine Stirn, haha, die auch.« Er zeigte auf eine noch leicht sichtbare Narbe.

»Wissen Sie, Geld ist nicht das Problem. Sie verstehen? Aber es war eine ungünstige Situation, aus der ich natürlich auch alleine herausgekommen wäre, aber wozu hat man Freunde?«

»*Einen* Freund!«, ätzte Alba.

»Wie dem auch sei. Jetzt habe ich die beiden eingeladen, mich nach Venedig zu begleiten.«

Reitmayr und Seydler nickten. Sie wussten beide nicht, was sie sagen sollten. Es schien ein merkwürdiges Reisetrio zu sein. Oder war es eine Show des Restaurants?

»Reuter wollte nicht alleine fahren«, sagte die Künstlerin, »deshalb musste ich mit. Ich wollte gar nicht mit *dem* da«, sie zeigte auf Mangold, »irgendwohin fahren.«

»Tja, aber wir raufen uns schon zusammen«, lachte Mangold und schnippte mit dem Finger nach dem Kellner.

»Schnippt der?«, raunte Seydler leise. Reitmayr nickte mit geweiteten Augen. »Das könnte spannend werden.«

»Die Herren, was machen Sie denn nun beide hier, wenn nicht die Liebe Sie hierhergetrieben hat.«

Seydler schaute Reitmayr an.

»Wir sind Anwälte aus Frankfurt.«

»Ach, Anwälte«, fiel Mangold ihm so laut ins Wort, dass sogar die Gäste der anderen Tische herüberschauten, »das sind mir ja die liebsten! Hohe Rechnungen, viele Stunden, und am Ende heißt es: Wir waren vor Gericht in Gottes oder wessen Hand auch immer. Ich kenne das, mir gehört eine Aktiengesellschaft in Bad Homburg. Da wohnen die, die es in Frankfurt wirklich geschafft haben.« Alba schickte Mangold einen schneidenden Blick. Reuter, der andere Begleiter, sagte nichts und schaute angestrengt in die warme Luft.

»Aha, na gut. Mein Kollege und Freund hatte einen kleinen Autounfall und wir wollten seine Genesung und seinen vierzigsten Geburtstag feiern. Ach so, nicht zu vergessen: und meine Partnerschaft nachträglich.«

»Ach was!« rief Mangold schrill aus. »Meinen Glückwunsch für alle Ihre so schönen Ereignisse. Und obendrein ein rundes Wiegenfest! Sacre bleu! Obgleich Sie zum Kreis der Raubritter gehören. Aber na gut, sei's drum. Und Sie, Herr Seydler, sind wieder ganz gesundet vor Ihrem runden Geburtstag in die Grauhaarzeit?«, fragte Mangold und blickte auf dessen Krücken.

»Naja, fast – ein bisschen malade bin ich leider noch.«

»Das sehe ich«, lächelte Mangold. »War die Autobahn schmaler als gedacht?«

»Nunja, ich war etwas zu schnell auf der Autobahn unterwegs und hatte Liebeskummer.«

»Ach, Liebeskummer!« Mangold sprach so laut, dass Seydler tiefer in seinen Sitz rutschte und Reitmayr sich fragte, ob der Restauranttipp vielleicht nicht geheim genug gewesen war.

»Und da fahren Sie gleich in den Graben?«

»In die Leitplanke.«

»Jajaja, was auch immer. Das arme Auto. Sicher ein 911er. Anwälte fahren doch immer 911er, oder?«

»Ja, war es.«

»Aber nicht seiner?«, fragte Mangold und zeigte auf Reitmayr.

»Nein, seiner nicht.«

»Hah!«, schrie Mangold nun fast. »Aber er hat einen! Wusste ich es doch! Alle gleich, ihr Anwälte.« Dann lächelte er wider Erwarten herzlich.

»Egal, santé, auf einen schönen Abend!«

Sie stießen an. Alle, bis auf Mangold, widerwillig.

Die Minestrone war hervorragend. Wenn man eine perfekte Kreation kredenzt bekam, wusste man erst, was man sonst an Schrott verspeist hatte, dachte Reitmayr. Wenn Fiedler ihn nicht in die Sphären der Esskultur eingeführt hätte, hätte er das nie schätzen können. So genoss er die köstliche Brühe und schmeckte heraus, dass das Gemüse nicht zu frisch und nicht zu alt, richtig gelagert und mit Liebe verarbeitet worden war. Die Liebe war der Schlüssel zu allem, dachte Reitmayr. Alles konnte gut sein, wenn man es mit Liebe tat. Wie sonst hätte es gute Bestatter geben können?

»Und?«, fragte Mangold, als alle Hauptgänge zeitgleich serviert wurden. »Ist denn wenigstens der Koch verliebt?« Sie stutzten.

»Naja, Sie sind es ja grad nicht, oder?« Mangold lachte

laut. »Aber keine Sorge, das wird schon wieder! Schauen Sie, mein Freund Reuter muss sich leider auch entlieben. Deswegen wollen wir ihn hier ein wenig ablenken. Was soll das denn auch, sich an einen Menschen zu binden? Man bindet sich ja auch nicht an ein Waschmittel! Oder, Reuter? Waschmittel wechselst du doch auch mal, oder nicht?«

Mangolds Freund schaute wehleidig und zuckte mit den Schultern. Er wirkte müder als er sein sollte, dachte Reitmayr.

Seydler schaute auf sein Handy. Constanze hatte sich nicht mehr gemeldet. Reitmayr sah seinem Freund an, dass er traurig wurde. Und Sina, auf die er selber heimlich hoffte, war auch in weiter Ferne.

»Meine Herren, Kopf hoch«, hob Mangold an, »das wird schon wieder. Darf ich Ihnen etwas zum Dessert empfehlen. Das Haus hier ist fantastisch, aber nicht beim Dessert. Der Käsewagen braucht eher den *ADAC* als uns Gäste. Ich empfehle Ihnen das Zitronensorbet. Die Zitronen bringt einer der Wirte von seinem Landgut mit und verteilt sie an alle Kollegen. Ich sag's ja immer wieder: Reichtum bringt Qualität. Und für den Rest gilt die Devise: Kost nix teuer.«

XXVIII

Seydler ließ sich auf die gepolsterte Sitzbank des Wassertaxis fallen. »Herrje, für den Typen brauchst du hinterher eine Seelenmassage. Das hält ja keiner auf Dauer aus.«

Reitmayr lehnte sich an der Sitzgruppe an, das Wasser schmatzte außen an der Bordwand.

»Seine Freunde waren eher schmückendes Beiwerk als aktive Begleitung. Der Typ war irgendwie völlig durch«, sagte Seydler.

»Ja, dieser Reuter hat die ganze Zeit nichts gesagt, und die Künstlerin hätte den Mangold am liebsten mit der Gabel erstochen.«

»Wie ein solches Trio durch die Gegend fahren kann…«, sinnierte Seydler.

»So, aber nun ab in die Bar des *St. Regis*, und da feiern wir in dein, ich zitiere, *Wiegenfest* hinein, ja?«

»Auf die Bar freue ich mich, auf die Vier vor der Null nicht«, sagte Seydler und schaute in den Himmel.

»Sie meldet sich schon wieder.«

»Dein Wort in Gottes Gehörgang.«

»Gebe es so weiter.«

»Danke.«

Später setzten sie sich an die Bar und bestellten *Hendrick's* Gin mit Gurke und *Sir Tibber's* Tonic Water. Der Barmann wirbelte mit den Gläsern, und an den kleinen Details konnte man ablesen, dass er seinen Job wirklich mal gelernt und nicht nur irgendwann bei einem Festival den Thekendienst versehen hatte. Reitmayr schaute wohl ziemlich verdutzt, als er plötzlich den unsicher dreinblickenden Reuter in der Bar auftauchen sah. Dieser schaute sich vorsichtig tastend um und setzte sich dann ganz außen an den Rand. Seine zaghaften Versuche, die Bedienung auf sich aufmerksam zu machen, fand Reitmayr schon fast süß. Sie erinnerten ihn sehr leise an sein vergangenes Selbst – an das, was Herkunft alles sein kann – oder eben nicht. Reitmayr raunte Seydler zu: »Schau mal, der Typ von vorhin.«

»Ach herrje. Du willst da aber nicht hingehen, oder? Der redet doch wieder nicht.« Reitmayr zögerte.

»Ok, du willst dich noch mit ihm unterhalten«, raunte Seydler und griff zu seinem Smartphone. »Aber ohne mich, ok?«

Reitmayr lachte. »Grüß Constanz'chen schön von mir.«

Seydler lachte auch: »Sicher nicht.«

»Was machen Sie denn hier?«

»Ich?« Reuter schaute sich um. »Ich, also, ich möchte etwas trinken.« Er redete stockend und schien Reitmayr nicht zu erkennen.

»Sie erinnern sich?«, half dieser ihm auf die Sprünge. »Wir kennen uns von vorhin, aus dem Restaurant.« Reuter schien zu überlegen, dann hellte sich sein Gesicht auf.

»Ach ja, genau. Sie haben recht. Wollen Sie…, also, nur wenn Sie vielleicht ein wenig Zeit haben?« Reuter deutete ungeübt auf die Bank neben sich.

»Ja, gerne, für einen Moment. Später feiern wir in den Geburtstag von Seydler hinein.«

Er winkte nach der Kellnerin, die – anders als bei Reuters Bemühungen – sogleich kam.

»Guten Abend. Herzlich Willkommen in der Bar des *St. Regis*. Was darf ich Ihnen bringen oder möchten Sie vorab die Karte einsehen?«

»Ich bin versorgt, aber was hätten Sie denn gerne?«, wandte sich Reitmayr einladend an Reuter. Dieser schaute unschlüssig drein. Auch das kannte Reitmayr.

»Der Herr nimmt wie ich einen *Hendrick's* mit Gurke und *Sir Tibber's*. Und für uns beide etwas zu knabbern, ja?«

»Danke, also…«

»Sie können ja reden, lachte Reitmayr und wollte den verstockten Reuter auflockern. Der aber verkrampfte sich noch mehr.

»Wie finden Sie Venedig?«

Reuter nickte.

Schwerer Fall, dachte Reitmayr.

»Sie reden wenig, oder täusche ich mich?«

Reuter nickte wieder und hielt sich am Polster seiner Bank fest. »Möchten Sie vielleicht alleine sein?«

Reuter dachte nach. Dann schüttelte er vorsichtig den Kopf. »Nein, es freut mich, jemanden hier zu treffen. Es kostet mich, wissen Sie, immer etwas Überwindung, in eine Bar oder so zu gehen.«

»Wieso denn?«

»Ich denke, nun ja, ich denke immer: Was soll ich hier?«

»Naja, etwas trinken und die Welt genießen.«

»Das sagt sich leichter, als es ist.«

Reitmayr wartete kurz, ehe er antwortete. Normalerweise würde man jetzt mit einem kehlig gesprochenen Satz die eigene, selbstempfundene Größe betonen. Wie süffisant man das Leben nahm. Doch er wusste eben, meinte zu wissen, was dieser Mann empfand. War es doch nicht allzu lange her, dass er selber vielleicht nicht genau gleich, aber doch ähnlich empfunden hatte.

»Das wird irgendwann«, raunte er vielversprechend.

»Meinen Sie wirklich?«

»Ja, ich weiß es.«

»Nichts weiß man.«

»Finden Sie?«

»Weiß ich. Leider.«

»Auch das grundlegendste Wissen ändert sich.«

»Meinen Sie?«

»Das wiederum weiß ich.«

Reuters Gin Tonic kam, sie stießen an.

»Sie sind Linkshänder?« »Ja«, sagte Reitmayr verdutzt. Jahre war das keinem mehr aufgefallen.

»Ist das anders?«

Er überlegte. »Nein, ich kenne es ja nicht anders.«

»Gelingt ihnen wohl alles mit links? Job, Frauen, Wohnung. Verstehen Sie mich nicht falsch. Ich bin kein Typ für Neid. Aber manchmal ereilt einen doch das Gefühl des ewig Falschseins.«

»Unsinn, Sie sind nicht falsch. Nichts definiert die Richtigkeit eines Menschen weniger als dieses ganze Lametta!«

»Haben Sie grad Lametta gesagt?« Reuter lachte zaghaft.

»Ja, ist doch so!«

Sie stießen nochmal an.

»Kennen Sie das, wenn man die Liebe seines Lebens verliert?« Reuter holte diese verblüffende Frage aus der Tiefe seiner Seele.

Reitmayr zögerte. »Nein«, antwortete er dann. »Ich weiß gar nicht so genau, ob das nicht eh ein Hirngespinst der Romantikindustrie ist. Valentinstag und so, Sie verstehen.«

Reuter knetete seine Hände. »Es gibt sie«, sagte er bestimmt und schaute ins Leere.

»Haben Sie so eine Lebensliebe gehabt?«

»Es fühlte sich zumindest so an.«

»Aber erst seit Sie sie verloren haben?«

»Das ganze Leben ist ein Hinterher, ein ewiges Zuspätkommen. Sonst würden wir nicht immer so dumme Fehler machen.«

»Aus denen wir aber auch lernen.«

»Mit so viel Schmerz?«

»Sie lieben sie noch immer?«

»Ich weine jeden Tag um sie.«

Reitmayr blickte zu Boden.

»Was bedeutet Liebe für Sie?«

»Wenn ich das erklären könnte, wäre ich vermutlich reich und berühmt. Es ist ein Gefühl. Ein ganz starkes Gefühl dessen, was das Leben lebenswert macht.«

»Für Sie.«

»Ja, für mich, natürlich für mich. Ich fand mein Leben nie wirklich lebenswert. Es ist halt da – wie gutes oder schlechtes Wetter.«

Reitmayr sah ihn aus leicht geröteten Augen an. Es kribbelte ihn leicht im linken Arm. Das Wetter, dachte er.

»Und dann«, fuhr Reuter fort, »dann war da plötzlich sie. Und ich blühte auf und verblühte dann doch an meinen Selbstzweifeln.«

»Und dann?«

»Dann habe ich sie verloren. Erst an einen anderen, dann an das Leben.«

»Wie meinen Sie das?«

»Sie ging zurück zu ihrem Ex. Ganz logisches Verhalten.«

»Und was meinen Sie damit, Sie hätten sie an das Leben verloren?«

Reuter schaute ihn lange und starr an.

Er drehte das Glas in seinen Händen. Immer wieder und immer weiter.

»Ich…«, er stockte, »ich habe sie immer aufgefordert, sich aus den Fesseln ihrer Familie, ihrer Freunde zu befreien. Endlich der Selbstverleugnung zu entfliehen. Endlich sie selber zu sein.«

»Das ist doch gut!«

»Nein!«

»Und wieso nicht?«

»Ich…«, er stockte wieder und die Tränen flossen aus seinen Augenwinkeln. Reitmayr fühlte sich hilflos, die Musik und die Stimmen der Menschen in der Bar entfernten sich immer weiter.

»…ich habe sie damit zu einer großen Dummheit getrieben.«

»Aber nein, das ist doch Quark! So ein Unsinn!«, entfuhr es Reitmayr.

Reuter schaute ihm nun direkt in die Augen.

»Doch. Sie war mit ihrem Verlobten auf einer Fähre. Sie verstehen, so richtig anständig. Grade als die Fähre ablegte«, er schaute an die Decke, »da sprang sie auf und über die Reling ins Wasser, um wieder ans Ufer zu kommen.«

Reitmayr schaute ihn ungläubig an. »Sie war eine gute Schwimmerin, müssen Sie wissen. Aber das hat die Nordsee nicht interessiert.«

»Sie ist ertrunken?« Reitmayr konnte es kaum glauben.

»Nein, aber sie wurde schwer verletzt.«

Es herrschte Stille an ihrem Tisch.

»Wegen meines beschissenen Freiheitsgelabers. Nur deswegen brach bei ihr der Fluchtimpuls durch.«

»Das ist doch Unsinn! Jeder Mensch ist für sich…«

»Ja, den Satz kenne ich zur Genüge. So leicht ist das

aber nicht. Schuld ist ein diffiziles Gut.«

»Sie reden mit einem Anwalt!«

Reitmayr verzog den Mund zu einem verrutschten Lächeln. Reuter wischte sich die Tränen vom Gesicht.

»Tun Sie mir einen Gefallen?«

»Ähm, ja?«

»Sagen Sie dem Barmann, er soll *Adagio* von Tomaso Albinoni spielen.«

»Ok?«

»Das war unser Lied.«

Reitmayr ging zur Bar und gab den Musikwunsch weiter. Dazu bestellte er noch zwei Gin Tonic – extra stark.

»Ich bin übrigens Frederic.«

»Reuter«, sagte Reuter.

Die Flasche hatte einen herrlichen Raureif. Kurz vor Mitternacht perlte der *Moët* in den gekühlten Gläsern.

»Jetzt ist es gleich so weit, du wirst vierzig!«

Seydler lächelte gequält und zog eine seiner Krücken näher zu sich heran.

»Jetzt genier dich nicht für Dinge, die du nicht beeinflussen kannst«, wollte Reitmayr ihn aufmuntern. »Stell dir bloß mal vor, was dieser Reuter mir vorhin erzählt hat. Da fällst du vom Glauben ab.«

Seydler hörte sich die Geschichte an und schüttelte den Kopf. Reitmayr fuhr fort: »Also der hat Probleme! Wir sind dagegen nur mit Problemchen konfrontiert. Er musste dann auch los. Ich glaube, um bitterlich zu weinen. Man kann Menschen nur bis zu einem gewissen

Punkt helfen. Der Rest ist dieser innere Kern, den kein anderes Wesen erreichen kann.«

»Hat die sich echt so schwer verletzt dabei?«

»Scheint so, ja. Er hat mir gezeigt, wie sie ihm immer seine Hand massiert hat.«

»Hab's gesehen und dachte, ob ihr jetzt einen auf Massageclub macht?«

»Das habe ich mir auch gedacht. Aber es war bewegend. Ich würde gerne so eine Art von Beziehung mal erleben.«

»Frag Handke.«

»Wen?«

Musik war zu hören - Frank Sinatra mit *I did it my way*.

»Ich bin aber nicht Gerhard Schröder«, lachte Seydler und Reitmayr musste mit einstimmen in das euphorische Lachen.

»Nein, das nicht, aber du bist ein lupenreiner Freund und gehst deinen Weg.«

»Ich hoffe es.«

»Ich weiß es.«

»Auf prophetisch.«

Reitmayr und Seydler zählten die Uhr herunter wie an Silvester.

XXIX

Sie hatten Glück, denn die gleiche Flugzeug-Crew holte sie auch wieder in Venedig ab. Stewardess Mirjam Weixelbaum hatte ihnen Pasta als Catering organisiert. Sie ließen sich in die weichen Ledersitze der Gulfstream fallen. Früher, dachte Reitmayr, wäre er müde gewesen vom frühen Aufstehen für einen günstigen Flug. Heute war er müde, weil er vor dem Abflug noch auf der Dachterrasse des Hotels in der Sonne gelegen und sich zwei Drinks genehmigt hatte. Kapitän Regen ließ die Triebwerke hochlaufen und stand noch kurz auf der Bremse, als der Schub die Maschine schon mächtig nach vorne drückte. Die Bahn war recht kurz, hatte er ihnen erklärt. Genügend Schwung sei immer besser als guter Wille. Das sahen beide gleich ein, und so ruckte es abrupt, als der Kapitän die Bremse losließ und die *Gulfstream G650* losschoss wie ein Pferd, das man nicht mehr bändigen konnte. Nach wenigen Metern waren sie in der Luft und drehten noch eine Abschiedsrunde über Venedig.

XXX

Sie ließ ihn lange klingeln. Reitmayr hatte sich extra ein Ticket der *VGF* gekauft. Im tiefsten Nordend, in der Glauburgstraße, hatte ihn die U-Bahn ausgespuckt. Er lief durch die Straßen des arrivierten Bürgerturms. Altbau, soweit das Auge reichte. Gediegene Wohnungen, angefüllt mit gesetzter Bildung und stillem Wohlstand. Hier wählte man grün und agierte doch ziemlich gelb. Das Klingelschild hatte er fast übersehen, so klein und verwahrlost hing es in der insgesamt ungepflegten Klingelanlage. Wenn es keine Empfehlung von Jesus gewesen wäre, wäre er schon wieder gegangen. Er drückte nochmals den Klingelknopf, reckte den Hals über den schwarzen Zaun und blickte in den Innenhof. Nichts rührte sich. Er drückte noch einmal. Keine Reaktion. Reitmayr nestelte aus Gewohnheit an seinem *iPhone* und drückte dann spontan die Tür auf.

Der Kies knirschte unter seinen Schuhen. Bald würden seine Maßschuhe kommen, dachte er. Dann stand sie vor ihm. Schwarze Boots mit auffälligem Nahtmuster, darüber eine grau-grüne Latzhose und ein Herrenhemd, das schon bessere Tage gesehen hatte. Die Haare trug sie mittlerweile wieder lang, weswegen er sich kurz unsicher war, ob sie es wirklich war.

»Sie sind der Anwalt?«

»Ähm, ja. Wohl schon. Reit...«

»Jaja, ich weiß. Kommen Sie herein«, schnitt sie seine Begrüßung ab.

Reitmayr schaute irritiert in sich hinein. Sie öffnete eine Schuppentür und ging voran.

»Hier erschaffen Sie also die tollen Dinge aus Holz«, versuchte Reitmayr ein irgendwie geartetes Entrée zu schaffen.

»Hm. Kann sein«, rang Sina Schmida sich widerwillig ab.

»Wie gehen wir denn jetzt vor?«, bemühte er sich vergeblich.

Sie werkelte unbeeindruckt an einem offenbar bald zur Auslieferung vorgesehenen Möbelstück. Es wirkte wie die Replik eines Sekretärs mit feiner Maserung und sehr glänzender Lackierung.

»Biedermeier?«

»Möbelhersteller vertreten Sie wohl nicht?«, antwortete sie und schaute ihn an.

»Nein, also, nicht direkt. Aber ich habe in meinem Büro...«

»Jaja, ich weiß. *USM-Haller*, *Vitra*, und nun denken Sie, Sie wüssten über Möbel Bescheid. Richtig?«

»Nunja.«

»Habe ich also recht.«

Reitmayr war konsterniert und traurig. Er war nicht gekommen, um sich zu wehren oder verteidigen zu müssen. Ihn beschlich das Gefühl, dass sie weniger an einem

Auftrag als an der Möglichkeit interessiert war, ein generisches Feindbild zu bestätigen und niederzumachen.

»Habe ich etwas falsch gemacht?«

»Wieso?«

»Weil Sie mich so behandeln?«

»Wie behandele ich Sie denn?«

Reitmayr hasste diese rhetorischen Gegenfragen und entgegnete, schon fast entnervt: »Sie behandeln mich wie jemanden, den Sie verachten.«

»Achso? Keineswegs.« Sie nahm ein Papier vom Sekretär und legte es auf einen übervollen Schreibtisch, der vor einem verwitterten Fenster mit gebrochenen Scheiben stand. »Aber als Anwalt, sind Sie das doch so gewohnt. Fast wollen Sie doch so behandelt werden.«

»Bitte?«

»Naja, Sie ringen immer um das Richtige. Das für *Sie* Richtige, Vorteilhafte.«

»Naja, es gehört auch schon...«

»Na, dann ringen Sie mal schön.«

»Was meinen Sie?«

Schweiß stand ihm auf der Stirn, aber nicht aus dem Grund, den er sich für ihr erstes Treffen gewünscht hätte. Sie hatte ihn schuften lassen, und er hatte einfach mitgemacht. Ob er schon mal geschmirgelt hätte, hatte sie ihn gefragt. Er hatte verneint.

»Handwerklich haben Sie eher weniger drauf, oder?«

»Naja, ich mache das ja hier zum ersten Mal.«

»Sehen Sie den Fehler?«

»Welchen Fehler?«

»Sie können keine handwerkliche Arbeit ausführen. Ihnen fehlt das Fingerspitzengefühl, die Ausdauer, einfach alles.«

»Aber ich bin ja auch kein Schreiner!«

»Na und?«

Er tupfte sich den Schweiß von der Stirn. Das halbe Buffet hatte er mit grobem Schleifpapier geschmirgelt. Wieso ließ er sich auf so einen Unsinn ein, fragte er sich. Wollte er ihr oder sich oder ihnen beiden etwas beweisen? Der tiefe Wunsch des Büromenschen, doch etwas Wahres, Echtes zustande zu bringen? Er begann sich über sich selbst zu ärgern. Er hatte seinen Schneid für das Imponiergehabe eines Teenagers geopfert.

»Wieso haben Sie Jura studiert? Wollten Sie damit etwas Sinnvolles schaffen oder nur reich werden?«

»Ich wollte wissen, was mein Recht ist.«

»Ihres oder unseres?« Sie nahm einen Schluck Matetee aus einer Glasflasche. Natürlich aus einer Glasflasche, dachte Reitmayr.

»Mein Recht ist auch immer das der Gesellschaft.«

»Das denken Sie.«

»Ja, das denke ich.«

»Und warum geht es dann vielen nicht so gut wie Ihnen?«

»Weil das Leben ungerecht ist, denke ich.«

»Und warum war es zu Ihnen so gerecht?«

»Ich denke, Sie irren.«

Reitmayr saß an der schmutzigen U-Bahn-Station und wartete auf den nächsten Zug. Er war fertig mit den Nerven, die Holzpartikel vom Schmirgeln juckten unter seinem Hemdkragen und seine Lippen schmeckten salzig vom Schweiß. Weder hatte er einen Auftrag für sein Stehpult platzieren noch sich dieser Frau, die er wider jede Vernunft begehrenswert fand, nähern können. Sie hatte ihn auf »irgendwann« vertröstet, sie habe »wider Erwarten« doch sehr viel zu tun und auch keine wirkliche Erfahrung im Bau von Stehpulten. Reitmayr war enttäuscht. Dass man seinen Berufsstand nicht immer mit offenen Armen empfing, war ihm bewusst. Aber ihn so niederzumachen, obgleich man sich gar nicht kannte, das war ihm neu. Und sie musste eigentlich gespürt haben, dass er sie irgendwie mochte.

Vielleicht war das genau das Problem. Die Türen der U-Bahn schlossen sich und seine Gedanken gleich mit.

Reitmayr stand wieder im Fenster seines Eckbüros und schaute in den verregneten Himmel. In der linken Hand hielt er seine vorgewärmte Cappuccinotasse. Er hatte eine neue Milch aus Italien im Test. Er kaufte sie in der Kleinmarkthalle bei Matteo. Glasflaschen, der Liter zu vier Euro fünfzig.

Angus Burchardt hatte ihn gleich nach seiner Rückkehr mit einer Flut von E-Mails überschüttet, und Vanessa Schlichter hatte sich zu einem Besuch angekündigt. Sie wolle mit ihm eine Lösung finden. Außerdem habe sie Unregelmäßigkeiten bei den Zahlen in den Dokumenten der Kanzlei gefunden, die sie dringend mit ihm besprechen wolle. Na denn, hatte er gedacht und den Laptop schnell wieder zugeklappt. Sina Schmida hatte sich seit seinem Besuch nicht mehr gemeldet. Sie verzichtete wohl lieber auf den Auftrag.

XXXI

Auf der Terrasse seines Penthouse hatte er nur im Hemd gestanden und sich den Wind des Mains um den Körper wehen lassen. Kalt war es hier in Deutschland, dachte er, und hatte sich wohl einen leichten Schnupfen eingefangen. Er ließ neue Milch in das Metallkännchen fließen. Dann schäumte er die Milch auf, peinlich darauf bedacht, dass die Blasen nicht zu groß wurden. Ein digitaler Baristakurs hatte es ihm auf *Youtube* angetan. Seitdem war er bemüht, seine händischen Künste der Kaffeezubereitung immer mehr zu perfektionieren.

Er stellte sich in die äußerste Ecke seines Büros und genoss nach und nach den Cappuccino in kleinen, genussvollen Schlucken. Komisch, dachte er mit einem Mal, warum war der Kaffee plötzlich so kalt? Grade hatte er sich noch an der heißen Tasse erfreut, und nun war sie plötzlich ganz kalt. Reitmayr hielt die Tasse mit seiner linken Hand, wie immer. Und doch hatte er nicht das Gefühl, eine Tasse in der Hand zu halten. Kühler und kühler fühlte sich die Tasse an, bis er sich nicht mehr sicher war, überhaupt eine Tasse zu halten. Was war los mit ihm, fragte er sich. Ruhig bleiben, versuchte er sein Inneres zu beeinflussen. Aber dann fiel ihm die dicke Tasse aus der Hand und zerbrach in zig Teile. Der Milchschaum spritzte und rann an der Fensterscheibe entlang. Sein Kopf begann zu brummen, durch sein Sichtfeld schossen plötzlich Blitze. Du träumst doch, dachte er. Dann kippte er, ohne kippen zu wollen. Sein Gesicht rutschte wie in Zeitlupe an der Fensterscheibe entlang, es quietschte. Kurz wollte er auflachen, wenn sich nicht auch seine komplette linke Seite wie tauber Teig angefühlt hätte. Sein Schwerpunkt verlagerte sich, er lag unversehens zwischen Fußboden und Scheibe eingeklemmt. Er versuchte sich zu sammeln, versuchte zu begreifen und verstand dennoch nichts. Was ging hier vor, fragte er sich.

Constanze Neuhaus hatte den ganzen Tag schon Kopfschmerzen. Der Streit mit Seydler war vergessen, und dennoch wurde sie das Gefühl nicht los, dass das, was sie da hatten, nicht das war, was sie haben wollten oder sich zu wünschen wagten. Das Glas splitterte hörbar in Reitmayrs Büro, als sie gerade dabei war, seine Hemdenbelege zu sortieren. Sie erschrak zwar, sortierte dann aber weiter. Neuhaus hörte nur einen dumpfen Schlag, und als ihr Chef sich nicht meldete, um seinen Telefontermin mit Burchardt von ihr vorbereiten zu lassen, klopfte sie leicht an seine Tür. Keine Reaktion. Neuhaus war sich unsicher. Ihr Chef mochte es, in Ruhe gelassen zu werden. Sie klopfte lauter, weiter keine Reaktion. Als sie eintrat, sah sie ihn in einer ganz und gar untypischen Haltung am Boden liegen. Wie ein L klemmte er zwischen Fußboden und Fensterfront. Sein Blick war leer und wirr.

»Doktor Reitmayr, was ist los?«, rief sie und erhielt keine Antwort. Sie lief zu ihm hin, schüttelte ihn, und sein Kopf wackelte mit dem restlichen Körper. Sie schrie seinen Namen. Er reagierte nicht. Speichel floss ihm aus dem linken Mundwinkel.

»Hilfe!«, schrie Neuhaus völlig aufgewühlt. Ihr fiel nichts mehr ein, was sie hätte tun können. Fiedler stürzte in das Büro. Er war gerade auf dem Weg zu Reitmayr gewesen, als er die Schreie hörte.

»Was ist passiert?«, hörte Neuhaus ihn fragen, doch sie brachte keinen Ton heraus, sondern zeigte nur auf ihren weiterhin regungslos ins Leere starrenden Chef.

»Herr Reitmayr, hören Sie mich?«, fragte Fiedler. »Hat er gezuckt oder Schaum vor dem Mund gehabt?«, fragte er Neuhaus.

»Nein, ich, also ich weiß nicht.«

»Das sieht nach einem Schlaganfall aus. Wählen Sie die Null für ein Amt und den Notruf 112. Und sagen Sie zusätzlich am Empfang Bescheid!« Constanze Neuhaus nickte.

»Und geben Sie mir Rückmeldung, wenn Sie das erledigt haben.«

Fiedler überstreckte den Kopf von Reitmayr und legte ihn in die stabile Seitenlage. Von seiner Frau wusste er mit neurologischen Notfallsituationen umzugehen.

Reitmayr fühlte sich wie in einem Tunnel. Alles rauschte, blitzte, zuckte. War nah und dann doch wieder fern. Er hörte Fiedlers Stimme. Die beruhigte ihn. Der

Rettungswagen kam, dann die Notärztin. Sie fragten ihn Dinge, er konnte nur schauen. Sie drückten seine Hände über Kreuz, er konnte nur das rechte Auge leicht weiten. Der Speichel lief ihm in Schüben aus dem Mund. Er schämte sich, um dann wieder zu vergessen, weswegen eigentlich. Sie rauschten im Fahrstuhl nach unten. Es hatte doch seinen Sinn, diese groß genug für Notfälle zu bauen. Durch die Heckfenster des Rettungswagens sah er das Blaulicht an den Fassaden zucken, hörte das Martinshorn durch die Schluchten der Hochhäuser gellen. Ihm wurde schlecht, der Cappuccino kam hoch. Die Sanitäter drehten ihn auf die Seite, das Erbrochene plätscherte auf den Boden. Seine rechte Gesichtshälfte berührte die Trage. Er spürte etwas, das er links nicht mehr zu besitzen schien.

Es surrte laut, es war eng und schien Ewigkeiten zu dauern. Von der Notaufnahme der Uniklinik wurde er sofort in das CT geschoben und sein Kopf in allen Einzelheiten gescreent. So kam es ihm jedenfalls vor. Zeit hatte für ihn ihre Bedeutung verloren. Erst zählte er die Deckenlampen, dann die Sprinkler, dann die kleinen Löcher in der Rigipsdecke. Die Zeit schien unendlich geworden zu sein. Sein Anspruch ans Erleben war auf ein Minimum reduziert. Er knibbelte mit der rechten Hand an dem Plastiklaken, das unter ihm lag. Die funktioniert noch, dachte er flehend. Doch wie lange noch?

XXXII

»Meinen Sie, das dauert noch lange?«

»Das weiß man nicht. Es geht beim Schlaganfall um eine schnelle Diagnose und dann um die entsprechend geeignete therapeutische Intervention.« Constanze Neuhaus saß mit Fiedler im Wartebereich der Notaufnahme. Sie waren mit einem Taxi durch den Regen zur Uniklinik gefahren.

»Keine Eile«, hatte Fiedler gemeint. »Wir können ohnehin erst mal nichts machen.« Mit dem Warten auf Krankenhausfluren kannte er sich aus. Das beruhigte Neuhaus, auch wenn sie wusste, dass Fiedlers Warten nicht gut ausgegangen war.

Sie zählte die Wischbewegungen der Putzfrau, er starrte still gegen die weiße Wand. Was aus dem Leben werden konnte, so ganz plötzlich. In einer dieser Genesungsfabriken, die sicher das Beste versuchten, aber doch sterile Bunker mit Handläufen an den Wänden blieben. Sie begann leise zu weinen. Fiedler drehte nicht den Kopf zu ihr, aber er reichte ihr stumm ein Stofftaschentuch mit seinen Initialen.

»Benutzen Sie es nur richtig«, ermunterte er sie.

»Wie?«

»Na, schnäuzen Sie sich, wenn es Ihnen beliebt.«

Neuhaus überlegte, wann jemand mal so mit ihr geredet hatte. Sie folgte seinem Rat, um sich gleich für das nun doch sehr verrotzte Taschentuch zu schämen.

»Behalten Sie es einfach und waschen es. Ruhig bei 95 Grad. Das halten die Tücher gut aus. Im Gegensatz zu uns Menschen. Wir scheitern schon am weichgespülten Leben.«

»Auch Doktor Reitmayr?«

»Frederic ist zäh. Da, wo er herkommt, ist das nötig.«

»Wie meinen Sie das?«

»Manchmal denke ich«, hob Fiedler an, »dass es schwerer ist, aus dem eintönigen Mittelfeld aufzusteigen, als von ganz unten. Denn die von ganz unten kommen in der Regel nur ein bisschen hoch. Kleine Schritte werden zu guten Schritten. Aber wenn man aus diesem matschigen Mittelfeld nach oben strebt, ist es schwer, sich aus diesem eigentlich ausreichenden-Irgendwas freizustrampeln.«

»Wollen Sie auch etwas trinken?«, fragte Constanze Neuhaus und sah Fiedler an.

»Ja, ein Wasser mit Gas, bitte.«

»Gern.«

»Brauchen Sie Geld?«

»Nein, nein, ist grad noch drin, Chef«, lachte sie.

Fiedler schloss sich dem Lachen und ihrer leicht frivolen Art an. Heute ging das.

Neuhaus stand am Kaffeeautomaten, aus dem ernsthaft ein geriffelter brauner Becher herausfiel.

»Was für ein Klischee!«, sagte sie laut.

Sie pustete still und vorsichtig in den schlechten heißen Automatenkaffee, den ihr Chef nie angerührt hätte. Fiedler hielt seine Wasserflasche stoisch in der Hand.

»Sie sind die Angehörigen von Herrn Doktor Reitmayr?«

»Nun ja, wir sind…«, begann Fiedler.

»Seine Assistentin und sein Chef«, fiel Neuhaus ihm ins Wort.

»Ah«, sagte die Ärztin, der man ansah, dass der Job an ihr zerrte. »Dann kann ich Ihnen keine Auskunft erteilen. Herr Reitmayr kann leider noch nicht sprechen.«

»Wie geht es ihm denn?«

»Wie gesagt, ich kann Ihnen nichts…«

»Er lebt aber?«

»Natürlich.«

»So wie er vorhin aussah, sehe ich das nicht als natürlich an.«

Fiedler legte der aufgebrachten Neuhaus seine Hand auf den Arm und sagte dann selber: »Herr Doktor Reitmayr hat keine lebenden Verwandten. Wir sind, neben seinem besten Freund, seine einzigen Bezugspersonen.«

Der Ärztin sah man an, dass diese ungewollte Verkomplizierung des Falles, ihr keinerlei Begeisterung beibrachte.

»Also«, sagte sie, »wir warten ab, bis ich Herrn Doktor Reitmayr einigermaßen befragen kann. Dann hole ich mir seine Zustimmung, Ihnen Auskunft zu erteilen.«

»War das damals für Sie auch so?«

»Was?«, fragte Fiedler.

»Diese Hilflosigkeit? Einfach auf diesem scheiß Flur sitzen zu müssen und dem Lauf der Dinge ausgeliefert zu sein.«

Fiedler legte die Stirn in Falten.

«Man wird genügsam, irgendwann. Und dankbar, für die Zeit, die man hatte und für die Fürsorge, die fremde Menschen trotz aller Widrigkeiten für einen aufbringen können und wollen.«

»Scheiße!«, schrie Neuhaus unvermittelt. Fiedler erschrak. »Was ist?«

»Wir haben Seydler nicht informiert!«

Sie saßen zu dritt im Wartebereich, und Seydler kaute ungeduldig an seinen Fingernägeln. Er hatte mit seinen Krücken ein Taxi angehalten und den Fahrer mit einem Extratrinkgeld zu waghalsigen Manövern verführt. So schnell er da war, desto langsamer ging es in der Klinik voran. Sie warteten, das Personal eilte geschäftig an ihnen vorbei. Aber sie wussten nicht, ob man sie überhaupt informierte, wenn es etwas Neues gab.

»Hallo?«, sagte die Ärztin.

»Ja!«, sagten alle drei.

»Herr Reitmayr ist nun auf der Intensivstation. Es geht ihm so weit gut, er konnte mir einwilligen, Ihnen Auskunft zu geben. Herr Reitmayr hatte einen kleinen Schlaganfall. Es war der Verschluss eines Gefäßes. Den Verschluss konnten wir erfolgreich lysieren.«

»Ly…was,« meinte Neuhaus.

»Wir konnten den Verschluss medikamentös auflösen und die Versorgung des dahinter liegenden Hirnareals mit Sauerstoff wieder sicherstellen.«

»Wie geht es ihm?«, fragte Neuhaus atemlos.

»Wie man so schön sagt, den Umständen entsprechend gut. Er atmet eigenständig und kann auf Fragen durch Kopfbewegung antworten. Der Rest wird sich aufgrund der schnellen Versorgung und der geringen Größe des betroffenen Areals wohl bald revitalisieren. Kommen Sie bitte morgen wieder.«

»Aber wir wollen ihn sehen!«

»Heute nicht. Geben Sie ihm die Ruhe, die er nun braucht.«

»Aber wenn er einsam ist?«

Die Ärztin blickte ermattet.

»Na gut, aber nur kurz. Und nur einer.«

Neuhaus und Fiedler schauten Seydler an.

»Wie geht es ihm?«, fragte Neuhaus gleich, als Seydler aus dem Haupteingang kam. Neuhaus rauchte schon die dritte Selbstgedrehte. Fiedler versuchte, nicht im Rauch zu stehen.

»Er kann atmen, nicken und versteht mich.«

»Und wie sieht er aus?«

»Wie immer.«

»Welche Seite?«

»Links.«

»Scheiße, das ist doch seine…«

»Ja. Aber das wird wieder.«

»Kommt Zeit, kommt Rat«, sagte Fiedler. »Lassen Sie uns nun alle nach Hause fahren.«

»Aber…«, hob Neuhaus an.

»Keine Widerrede!«

XXXIII

Reitmayr konnte den Verkehr nicht sehen, er konnte nur das Brummen und Vibrieren hören und spüren. Wenigstens das, dachte er. Er war die ganze Zeit auf »Spüren« aus. Er wollte wahrnehmen. Das, was bisher so normal für ihn gewesen, aber nun so defizitär und gar nicht mehr selbstverständlich war. Er ahnte den Sonnenuntergang, weil der Himmel sich verdunkelte. Er konnte nur eingeschränkt aus dem Klinikfenster im sechsten Stock sehen. Die Welt da draußen wirkte wie ein ferner Kinofilm, für den man seine Eintrittskarte im Gully verloren hatte. Er dachte an die Skyline, die Sonne, die sich in den Scheiben der *Deutsche-Bank*-Türme spiegelte. Die türkisfarbenen Straßenbahnen, die wie Spielzeuge über die Brücken fuhren.

Er hatte sie verloren. Seine ganze linke Seite. Einfach weg. Auf Nimmerwiedersehen. Oder auf Urlaub. Hoffentlich nur auf Urlaub. Ungläubig tastete er mit rechts die Seite ab, die so lange seins gewesen war und nun dalag wie ein Pfund stumpfer Butter. Er fühlte sich auf die Hälfte reduziert. Und er hatte das unangenehme Gefühl, mit dem Verlust der einen Körperseite fehle ihm auch die Hälfte seines Seins. Wenn er die Augen schloss, hatte er das Gefühl, nur seine rechte Seite käme in irgendeiner Weise zur Ruhe. Die andere Seite war eine Melange aus Taubheit und Unruhe. Zuckte seine linke Hand? War sie überhaupt noch da? Ruckartig griff er nach ihr. Sie war da und doch auch wieder nicht. Er fasste seine Finger nacheinander einzeln an, zog sie nach oben und betrachtete sich, wie sie leblos herunterfielen. Sie waren da und doch wieder nicht. Ich kann es nicht fassen, dachte er. Über diesen Gedanken tauchte er ein in eine Art Trance, die Schlaf war und doch nur ein halber. Halb und halb – wie er selbst.

»Wie geht es dir,« hörte er eine Stimme fragen und musste kurz nachdenken, ob er träumte oder wach war. Seine Augen zu öffnen, fiel ihm schwer. Beim linken wusste er gar nicht, ob er es konnte.

»Hm?«

»Frederic?«

»Hey, Seydler, schön dich zu sehen.«

»Wie geht es dir?«

»Den Umständen entsprechend, die linke Seite ist einfach futsch.«

»Ich verstehe dich nicht?«

Seydler stutzte. Reitmayr auch.

»Mir geht es halb so gut wie den meisten anderen«, wollte er gesagt haben. Aber irgendwie schien Seydler ihn nicht zu verstehen.

»Wiee – ees – diir – geeht…«, wiederholte Seydler und dehnte dabei jedes Wort episch lang.

»Sage ich dir doch. Rede doch nicht mit mir wie mit einem Bekloppten!«, keifte Reitmayr. Zumindest dachte er, er keife.

»Herr Seydler«, sagte eine Stimme aus dem Hintergrund.

Es war die Ärztin. Wie alt sie wohl war? Ende Zwanzig vielleicht. Aber optisch hätte sie auch für Anfang vierzig durchgehen können. Ihr Beruf zehrte noch mehr an Menschen als seiner.

»Ihr Freund kann Sie zwar hören und wohl auch größtenteils verstehen, aber er kann Ihnen noch nicht adäquat antworten.«

Reitmayr grimmte: »Natürlich kann ich antworten, jetzt hört doch endlich mal zu!« Er ballte seine rechte Faust und schlug auf die Decke.

»Herr Doktor Reitmayr, verstehen Sie mich, dann heben Sie die rechte Hand.«

Reitmayr hob die Hand und sagte: »Ja, klar verstehe ich euch. Ihr steht neben mir.«

Seydler hörte wiederum nur Gemurmel.

»Wie lange wird das dauern?«

»Ein paar Tage, dann sollte die Sprechfähigkeit durchaus wieder gut hergestellt sein.«

Seydlers Augen weiteten sich. »Ein paar Tage? Und er denkt, wir können ihn verstehen?«

»Ja«, sagte die Ärztin und griff nach ihrem Telefon, das schon ganz abgenutzt war.

»Seien Sie einfach da für ihn.«

Reitmayr und sein Freund schauten sich in die Augen. Seydler zog den Besucherstuhl heran und setzte sich mit weichen Knien.

»Das wird wieder, ganz sicher. Denk an meinen Unfall. Auch alles wieder heile. Naja einigermaßen.«

Reitmayr sagte wieder etwas, das nur er verstand.

»Ich soll dich von Herrn Fiedler und Constanze grüßen. Und natürlich auch von Flachs und Delk. Fiedler meint, du solltest dir ruhig Zeit lassen. Er werde wegen Burchardt eine Lösung finden. Irgendwie komisch, er wirkte auf einmal so entspannt.«

XXXIV

»Burchardt!«, schallte es aus dem Telefon. Fiedler saß in seinem Bürostuhl und schaute auf den Main. Seit er einen Glasschreibtisch hatte, konnte er noch mehr von der Welt da draußen sehen. Durch seinen Tisch hindurch. Er fuhr mit den Fingerspitzen über das weiche Nappaleder seiner Schreibtischunterlage.

»Hier Fiedler.«

»Achja, die Herren von *Flachs und Delk*, auch mal am Apparat.«

»Ja, Angus, es tut mir leid, aber Sie kennen die Umstände.«

»Jaja, die guten Umstände. Wie kommt Ihr Protegé mit den Unterlagen für die Übernahme voran?«

»Eigentlich gut, wissen Sie, nur dass er aktuell wegen einer gesundheitlichen Malaise unpässlich ist. Aber das wird nur einige Tage in Anspruch nehmen.«

»Was, Ihr unersetzlicher Mitarbeiter ist unpässlich? Mit Syphilis in Thailand?«

»Angus, ich bitte Sie!«

»Ich bitte Sie auch. Nämlich um nichts Geringeres als Ihre Arbeit für unser Honorar. Sie wissen, bald steht die Mandatsverlängerung für Ihre Kanzlei an.«

»Ich weiß, und Herr Reitmayr wird das ganz zu Ihrer Zufriedenheit lösen.«

»Das ist ja auch das Mindeste. Aber sagen Sie mal, wenn ich Sie schon am Apparat habe: Wieso sagt Frau Schlichter mir, sie habe Ungereimtheiten in den Zahlen gefunden? Wie kann das sein?«

Fiedler nestelte an seinem *Montblanc*. »Das wird nur ein Versehen sein. Sie wissen das ja, manchmal geht etwas durcheinander bei so einer Übernahme. Und vielleicht war Herr Reitmayr auch etwas aus der Bahn vor seiner Unpässlichkeit.«

»Jaja, manchmal geht etwas durcheinander«, sagte Burchardt und legte auf.

»Neuhaus, hallo?«

»Ja, hallo, Schmida hier. Ich möchte den Reitmayr sprechen.«

»Der Herr *Doktor* Reitmayr ist zurzeit nicht im Haus. Kann ich etwas ausrichten?«

»Ja, dass wenn er sein Stehpult gebaut haben möchte, soll er sich endlich zurückmelden. Ich habe ihn schon mehrfach versucht zu erreichen und immer war er nicht im Haus – angeblich.«

»Herr Doktor Reitmayr ist viel beschäftigt.«

»Ja, und meinen Sie, ich drehe hier Däumchen beim Schreinern?« Neuhaus zuckte mit den Schultern.

»Also, wann ist der werte Herr Doktor wieder erreichbar?«

»Herr Doktor Reitmayr ist längerfristig erkrankt. Ich kann Ihnen leider nicht sagen, wann er wieder seine Arbeit aufnehmen wird.«

»Ah, wohl zu wild gefeiert in Venedig. Na gut, dann soll der feine Herr sich melden, falls ich dann Zeit für ihn habe.«

»Wenn er wieder sprechen kann, wird er sie anrufen«, sagte Neuhaus und knallte den Telefonhörer auf.

»Drecksschlampe«, rief sie aus und musste die Tränen zurückhalten. Ein Stehpult. Nichts brauchte ihr Chef grade weniger als das.

»Wie geht es ihm?«, fragte Neuhaus, ohne Seydler vorher wenigstens »Hallo« zu sagen. Sie trafen sich am Abgang zur U-Bahn am Willy-Brandt-Platz.

»Hm.«

»Wie hm?«

»Das sagt er.«

»Wie?«

»Er kann aktuell nicht mehr sagen als ‚Hm'.«

»Hm?«

»Ja, genau so.«

»Scheiße.«

»Kann man so sagen, ja.«

»Und jetzt?«

»Es soll sich bald bessern.«

»Wann ist das?«

»Bald.«

Sie nahmen die U-Bahn zum Südbahnhof, fuhren die lange Rolltreppe nach oben und schlenderten wortlos über den Vorplatz durch die Altbaustraßen Sachsenhausens.

Auf der Schweizer Straße nahmen sie in ihrem favorisierten Sushirestaurant Platz. Der Wind wehte durch die Bäume und ließ die Blätter so laut rascheln, dass man es durch die großen Scheiben hörte. Ihrer beider Stimmung war mies. Viel zu mies für das schöne, teure Sushi.

Draußen fuhr eine Straßenbahn vorbei, gesteuert vom *Bahnbabo*.

»Dessen gute Laune hätte ich gerne mal«, sagte Neuhaus.

»Ach, auch der wird schlechte Tage haben.«

Seydler winkte ihm zu. Wie auch andere Gäste, die den markanten Mann erkannt hatten, der eigentlich Peter hieß und dessen Ehefrau Heike auch Straßenbahnen fuhr.

»Was kann der eigentlich?«

»Wie - was kann der?«

»Warum ist der so berühmt?«

Seydler überlegte.

»Weil er *er* ist«, denke ich.

»Sie selbst zu sein, scheint für die meisten Menschen schwer zu sein.«

»Denke auch.«

»Bist du *du*?«

Seydler drehte sein Sake-Glas.

»Hm.«

»Du bist nicht Reitmayr«, versuchte Neuhaus zu scherzen.

»Nicht lustig.«

»Stimmt. Tut mir leid.«

»Aber bist du nun *du*?«
»Die Frage ist vielleicht eher…«
»Ja?«
»Sind wir *wir*?«

Es begann wie aus Eimern zu schütten. Der Regen prasselte auf das Kopfsteinpflaster der Straßenbahnschienen. Die Autos zogen Schlieren durch die Pfützen. Er sah Constanze nur noch von hinten. Laufend aber nicht wegen des Regens. Sondern wegen ihm.

Es war das Damokles-Schwert, das die ganze Zeit über ihnen geschwebt hatte. Es war die Frage, die den Faden ihrer Gemeinsamkeit abreißen lassen konnte. Wollten sie das, was sie da hatten? Passten Sie überhaupt zueinander? Er wusste es nicht. Und an ihrer Reaktion konnte er nicht erkennen, ob sie es wusste oder überhaupt wissen wollte. Seydler hob die Hand zum Zahlen. Er nahm seine *Platin-Amex* und ließ sie durch den Leser gleiten. Na gut, dachte er. Scheiße reicht nicht. Wenn schon, dann muss es Oberscheiße sein. Er nahm sein *iPhone* aus der Hosentasche und bestellte sich ein Taxi.

XXXV

Reitmayr nahm vorsichtig einen Schluck seines Wassers. Seit Tagen gab es keinen Kaffee für ihn, von Cappuccino aus vorgewärmten Tassen ganz zu schweigen. Aber selbst wenn, hätte ihm wohl die Lust dazu gefehlt. Was dieser Vorfall aus ihm gemacht hatte, erschreckte ihn zusätzlich. Innen und außen nur noch halb existierend. Scheiße, dachte er. Große Scheiße. Es klopfte.

»Herr Doktor Reitmayr?«

»Ja, bitte?«, meinte er gesagt zu haben.

Die Tür öffnete sich und eine Frau mit blonden langen Haaren, die sie zum Dutt gebunden hatte und Tattoos auf den Unterarmen kam herein.

»Ich bin Lina Assmann.« Sie lächelte breit. Fast wie die Tussies in der *Mangolds Beachbar* auf Koks. Aber Koks war hier wohl nicht so angesagt. Allein des Preises und der Uhrzeit wegen. Es war erst halb neun Uhr morgens.

»Hallo«, dachte er, würde er sagen.

»Ich denke, Sie wollten mich begrüßen.«

Reitmayr dachte, er würde reden.

»Ich weiß, beziehungsweise, ich ahne, dass Sie denken, dass Sie normal sprechen, aber zurzeit ist das noch schwierig.« Reitmayr schaute.

»Ich bin Ihre Physiotherapeutin und Logopädin. Die

Kliniken müssen sparen, daher eine *all-in-one-Lösung.*« Sie lachte laut. Weiße Zähne, dachte Reitmayr. Schöne weiße Zähne. Und ein Becken, das man in der Werbung als »wohlgeformt« bezeichnet hätte. Sie trug eine dunkelblaue *Adidas*-Trainingshose und ein graumeliertes ausgeleiertes Sportshirt.

»Sie wollen wieder fit werden?« Reitmayr verstand die Frage nicht. »Dann fangen wir an. Sie sollen mich ja alsbald beschimpfen können, wenn ich Sie trieze.« Reitmayr verstand die Welt nicht mehr, aber er ließ sie gewähren.

Vanessa Schlichter parkte höchst ungern in Burchardts Garage. Die Einfahrt war eng, und eigentlich hatte sie ohnehin keine Lust, gerade ihn zu Hause zu besuchen. Aber es handelte sich um eine lichtdurchflutete Villa im Westend, mitten in der Stadt. Was sollte also schon passieren. Und die Unregelmäßigkeiten, die sie in den betriebswirtschaftlichen Analysen der ER12-Com Investment AG gefunden hatte, wollte sie mit dem Aufsichtsratsvorsitzenden der übernehmenden ZER7-Investment SE zeitnah besprechen. Sie fuhr mit dem Aufzug direkt in seine Wohnung. Welch neureiche Dekadenz, dachte sie, als sie die cremefarbene Anrichte im Flur und den protzigen Spiegel mit den viktorianischen Verzierungen sah. Ein echter Mondrian hing gleich daneben. Stilistisch war alles zusammen eine Katastrophe – aber eben teuer. Wie sie doch die Neureichen hasste. Nur Gesocks. Und so sah der Hausherr auch aus. Seine *Armani*-Slipper an den Füßen, die *Patek Philippe Nautilus* am Handgelenk.

Er versuchte, galant zu wirken und wirkte dabei doch nur lächerlich. Sie wusste, er würde sie mit Kusshand nehmen. Im Bett. Der Gedanke daran ließ sie schaudern und für eine Sekunde dachte sie, sie hätte sich wirklich geschüttelt.

»Darf es ein Champagner sein, die Dame?«

»Nein, ich trinke nicht bei der Arbeit.«

»Naja, aber ein kleines Gläschen?«

»Nein. Danke«, sagte sie bestimmt.

Er zog die Schiebetür zum Wohnzimmer auf und bot ihr einen Platz auf der goldverzierten Couch an. »Darf es denn ein Wasser sein? Oder auch ein Kaffee?«

»Ein Wasser, danke.«

Burchardt wirbelte in der Küche, als wenn er ein Menü kredenzen wollte, dabei tat er nur Zitronenscheiben in Kristallgläser und stellte eine Flasche *Pellegrino* dazu.

»Sie sagten, die Zahlen stimmten nicht?«

»Ja und nein. In der Betriebswirtschaftlichen Auswertung, die ich seitens der ER12-Com Investment AG bekommen habe, waren sie zuerst so. Dann bekam ich die gleiche BWA noch einmal von Herrn Reitmayr, und da waren die Zahlen dann ganz anders.«

»Wie anders?«

»Besser. Viel besser.«

»Vielleicht ein Versionsfehler? Sie wissen ja, Datenmanagement ist nicht jedermanns Sache.«

»Ich weiß nicht, es ist etwas, das wir aber im Auge behalten sollten.«

»So faul, wie der Reitmayr ist, wird er wohl daran nichts gemacht haben. Wieso auch?«

»Naja«, warf sie ein, »das weiß ich auch nicht so genau. Aber warum hat die Firma in der einen Bilanz einen um ein Vielfaches besseren Umsatz, weniger Verschuldung und einen überaus hohen Gewinn?«

»Das kann nur ein Fehler sein, meinen Sie nicht?«

»Die Kollegen des Finance Departments der ER12-Com Investment AG waren auch entsprechend verwirrt«, antwortete Vanessa Schlichter, »die wussten sich aber auch nicht zu helfen, weil ihre Abteilung bereits auf Umzugskisten sitzt und die Buchhaltung schon von der ZER7-Investment SE übernommen und nach Indien ausgelagert worden ist. Und dort kennt wiederum niemand die Sachlage.«

»Und das zuständige Finanzamt?«

»Sollten wir mit dieser Art Frage nicht behelligen.«

»Aber wir haben doch nichts zu verbergen?«

»Sind Sie sich da so sicher?«

Constanze Neuhaus saß am Fenster ihres kleinen WG-Zimmers und starrte in den Regen. Die Rücklichter der vorbeifahrenden Autos brachen sich in den Regentropfen an der Fensterscheibe. Sie hatte ihre dicken Wollsocken an und die Batmanleggings für schlechte Tage. Eine Tasse Tee wärmte, ganz Klischee, ihre Hände. Alles scheiße, dachte sie. Von Seydler hatte sie seit der existentialistischen Diskussion im Sushirestaurant nichts mehr gehört. Sie sah ihn online bei *WhatsApp*, aber er reagierte nicht auf ihre Nachrichten. Lesen tat er sie wohl auch nicht, die blauen Häkchen fehlten. Sie dachte an ihren

Chef, der weiterhin in der Klinik lag und das Sprechen neu lernen musste. Wie zärtlich man mit jemandem in Gedanken umging, wenn er malad war. Wie sehr hatte Reitmayr sie manchmal genervt! Seine jugendliche Attitüde vereint mit seinem immer spürbaren Zynismus über alles und jeden. Und jetzt? Er wirkte so sanft, so verletzlich. Wie Helmut Kohl nach seinem Treppensturz. Nie war ihr aufgefallen, was der Altkanzler für sanfte braune Augen hatte. Erst als er von Krankheit gezeichnet war, kam seine warme Seite zum Vorschein – fand sie.

Vanessa Schlichter fuhr aus Burchardts Garage und bog in die Bockenheimer Landstraße ein. Dann lotste das Navigationssystem sie an den grauen Hochhausblöcken der Uni vorbei. Sie passierte den Messeturm und fuhr über die Anschlussstelle West auf die A5. Der Regen prasselte gegen die Frontscheibe, die Wischerblätter kamen kaum mit dem Abtragen der Wassermassen nach. Sie gab Gas und fädelte immer eine Spur weiter links ein, um beschleunigen zu können. Sie musste ausnahmsweise nach Stuttgart zu einem Meeting und wollte daher zumindest den Abend noch mit Wein und Barmusik im Hotel auskosten. Sie schaute in den Rückspiegel, gab Gas und scherte auf die äußerste linke Spur. Dann wurde es dunkel um sie herum.

XXXVI

»Na, Herr Reitmayr, das sieht doch super aus.«

»Finden Sie? Ich weiß nicht. Ich wage vieles nicht mehr zu beurteilen neuerdings«, sagte Reitmayr.

»Jetzt wollten Sie es aber auch sagen«, lachte Assmann.

»Ich hatte es doch klar und deutlich…« Erst jetzt wurde ihm wieder seine Situation bewusst; er lachte unbeholfen.

»Sprechen Sie ruhig mit mir.«

»Es ist ungewohnt, nicht zu wissen, was man sagt«, sagte er, und anhand von Lina Assmanns Reaktion, schien er wirklich was gesagt zu haben. Schade, dachte Reitmayr belustigt, Politiker könnte er nun nicht mehr werden.

»Ungewohnt wieder etwas zu sagen, wenn man etwas sagt, nicht wahr?« Er nickte.

»Aber Sie sehen doch, was in drei Tagen alles möglich war?« Er nickte wieder.

Wie fühlt sich Ihre linke Seite an?«

»Weniger taub. Aber weiterhin nicht wie früher.«

»Das geht leider nicht so schnell. Bleiben Sie tapfer.«

»Was sonst?«

Er merkte, dass seine Worte wohl wirklich wieder Form annahmen.

»Da gäbe es viele Möglichkeiten auf der Verzweiflungsskala.«

»Nicht bei mir.«

»Bei mir auch nicht.«

Sie lachten.

»Woher nehmen Sie Ihren Mut, Herr Reitmayr?«

»Ich habe keinen Mut, ich weiß nur keine Alternative zu meinem jetzigen Zustand. Aufgeben? Rumheulen? Das hätte ich in meinem Leben schon genug gekonnt. Doch hätte es etwas gebracht? Wohl kaum.«

»Beeindruckend.«

»Mein Leben ist weit weniger beeindruckend, als Sie denken. Es wirkt nur so. Beeindruckend ist das, was Sie machen. Das hat Sinn.«

»Ihr Job nicht?«

»Nein.«

Als Reitmayr abends in seinem Klinikbett lag, dachte er an Lina Assmann. Sie war alles das, was die Frauen seines früheren Lebens nicht waren. Nicht durchtrainiert, nicht eitel, nicht geschminkt, nicht bewegungsoptimiert, nicht kleidungsorientiert, nicht lebenslaufoptimiert. Aber sie war im Raum präsenter als alle MBA-Tussies, die er je in die Kissen gedrückt hatte. Hatte er grad von seinem früheren Leben gesprochen? Er verscheuchte den Gedanken wie die Tauben am Markusplatz. Früher hätte er eine Frau wie Lina Assmann gar nicht wahrgenommen. Als Mensch, ja. Aber Constanze Neuhaus war für ihn ja auch ein Mensch. Mit Nasenring, aber doch ein Mensch.

XXXVII

Seydler zuckte zusammen, als ihn das Telefon mitten in der Nacht aus dem Schlaf riss. Sofort pochte sein Herz, zig Szenarien, was mit Reitmayr sein könnte, durchfuhren ihn. Er fiel förmlich ins Telefon.

»Ja?«

»Fiedler hier. Sind Sie es, Herr Seydler?«

»Ja! Was ist mit ihm?«

Fiedler stockte. Dann brach die Verbindung ab.

»Hier Fiedler nochmal, mein Telefon spinnt, weil…«

»Was ist mit Frederic?«, schrie Seydler fast ins Telefon.

»Nichts, alles ok. Aber wir haben grad noch einen anderen Notfall. Die Wirtschaftsprüferin der ZER7-Investment SE, Frau Schlichter. Hat Reitmayr Ihnen davon erzählt?«

Seydler zögerte hörbar.

»Inoffiziell, natürlich!«, fauchte Fiedler.

»Ja, ein wenig, wieso?«

»Sie ist tot«, sagte Fiedler fast tonlos.

Seydler fühlte sich verwirrt. Er schaute auf die Uhr. Drei Uhr vierzig.

»Ja, oh, also – das tut mir leid.«

»Das ist nicht das eigentliche Problem.«

»Nein?«

»Nein.«

»Ich verstehe nicht, Herr Fiedler.«

»Die Polizei steht hier in der Kanzlei. Genauer gesagt: die Mordkommission.«

»Die Mordkommission?« Seydler verstand gar nichts mehr.

»Man hat ganz offensichtlich ihr Auto manipuliert. Ihre Radmuttern waren gelockert. Auf der A5 haben sich im Regen zwei Räder gelöst und das Fahrzeug hat sich bei hoher Geschwindigkeit überschlagen. Vanessa Schlichter war sofort tot.«

»Oh.«

»Ja, oh. Und sie hatte auf dem Beifahrersitz die Akte zur Übernahme der ER12-Com Investment AG durch die ZER7-Investment SE dabei, die den Vorwurf gefälschter Bilanzzahlen enthält.«

»Tot, ermordet, Bilanzzahlen gefälscht«, wiederholte Seydler konsterniert.

»Herr Seydler, es ist ernst. Es gibt nur einen, der diese Zahlen die letzten Monate bearbeitet hat.«

»Reitmayr!«, entfuhr es Seydler spontan.

Bei Constanze Neuhaus surrte unablässig die Klingel.

»Ja, wer stört?«

»Ich bins, mach auf!«

»Was willst du hier, um die Uhrzeit?«

»Dringende Notlage!«

»Reitmayr?!«

»Nein, also nicht direkt.«

»Und was heißt das jetzt genau?« Neuhaus stellte Seydler einen Kaffeebecher hin, aus dem es dampfte.

»Vorsicht, heiß!«

»Das aktuelle Motto!«, lachte Seydler zynisch.

»Also?«

»So wie es aussieht, steckt Frederic in einer doppelten Scheiße. Schlaganfall und Mordverdacht.«

»So ein Quatsch. Der Chef bringt doch keine Leute um.«

»Sag das der Kripo.«

»Mach ich.«

»Sehr witzig. Wirst du aber wohl wirklich müssen.«

Neuhaus schaute erstaunt.

»Sie werden natürlich auch dich befragen. Aber viel mehr macht mir Sorgen, wie diese Leute Frederic in die Mangel nehmen werden.«

»Aber der kann doch gar nicht richtig antworten.«

»Eben.«

»Aber das ist doch gut, verschafft uns Zeit.«

»Oder macht alles nur noch schlimmer.«

»Die denken, der hat den Mord an der Wirtschaftsprüferin beauftragt.«

»Wie gesagt, Unsinn.«

»Ja, aber wusstest du, dass die sich kannten?«

»Nein.«

»Eben. Und dass die beiden einen privaten Streit hatten?«

»Nein, du?«

»Nein. Nur durch Fiedler. Und dem hat es die Polizei

gesagt. Es gab wohl, sagen wir mal, eindeutige *WhatsApp*-Nachrichten.«

»Der Chef bringt doch keine um wegen einer gescheiterten Liaison? Dann hätte er ja schon zig…«

»Ja, aber wer hat diese Frau dann umgebracht?«

XXXVIII

»Wo ist der Reitmayr?« Angus Burchardt schrie Fiedler durchs Telefon an. »Und wo sind Flachs und Delk? Ich will Sie alle sofort sehen. Dieser ganze Deal geht in den Arsch. Die ganze Branche ist in Aufruhr. Die Wirtschaftsprüferin, die die Übernahme betreut, wird ermordet. Wissen Sie eigentlich, was hier los ist?«

»Ja, Angus, das wissen wir. Also, wir ahnen es. Herr Reitmayr ist aktuell nicht ansprechbar.«

»Wie, weil er sich schon abgesetzt hat auf die Bahamas?«

»Nein, weil er«, Fiedler räusperte sich, »weil er einen Schlaganfall hatte.«

»Das hat er ja gut eingefädelt. Was für ein Alibi!«

»Angus, so ein Unsinn! Das wissen Sie doch selbst.«

»Ach ja, weiß ich das? Er fingiert die Zahlen zur Übernahme, lässt die Wirtschaftsprüferin umbringen, als der Schwindel rauszukommen droht, weil er bei der Übernahme sicher durch Strohmänner ordentlich mitverdient hätte. Das ist eine Straftat. Das wissen Sie genauso gut wie ich.«

»Unsinn, das glaube ich nicht. Nicht Frederic Reitmayr.«

»Denken Sie, was Sie wollen. Aber hoffen Sie für den Fortbestand Ihrer Sozietät, dass es sich anders aufklärt. Und unser Mandat können Sie mental schon mal streichen.«

Als Fiedler aufgelegt hatte, rieb er sich die Stirn, wischte sich eine Träne weg und nahm das Bild seiner Frau in die Hand. Hatte er sich so in Reitmayr getäuscht? Fiedler ging zu seinem violett-grauen *USM-Haller*-Schrank und nahm eine Flasche Bourbon und ein Kristallglas daraus. Er schenkte sich ein, schwenkte den Bourbon im Glas und nahm einen großen Schluck. Das konnte doch alles nicht wahr sein, dachte er.

Reitmayr saß auf einer Parkbank im kleinen Garten des Krankenhauses. Sein temporäres Zuhause, wie er es leicht spöttisch nannte. Wobei er das temporär sehr betonte. Auch wenn er nur mit sich selber sprach. Das Sprechen war über die letzten Tage wirklich besser geworden. Ob es nur an der rein faktischen Therapie lag oder auch daran, dass er sich mit Lina Assmann einer (temporären?) Schwärmerei hingegeben hatte, wollte er nicht beurteilen. Was reizte ihn aber so an dieser Frau, die er vorher niemals als Frau wahrgenommen hätte? Vielleicht das Gefühl, sie sehe ihn, wie nur wenige Frauen in seinem Leben, als Mensch und nicht als erfolgreichen Player im kapitalistischen System. Ihr glaubte er, dass sie seine Arbeit zwar respektierte, aber nicht huldigend würdigte. Für sie war ein Doktorgrad nur ein unwichtiges

Attribut, eine Verlängerung des Namens und keine Aufwertung. Sie lebte nicht in den Welten der Goethe- oder Kaufingerstraßen. Für sie war ein Brot noch ein Brot und kein Produkt überbewerteter Backkunst.

Reitmayrs Smartphone vibrierte in der Bademanteltasche. Eine Nummer aus Wien. Er grübelte, wer das sein könnte. Seine Hände schwitzten. Früher war das alles kein Thema gewesen. Es war weniger als ein Thema. Es war lebensimmanent. Knopf drücken, rangehen, reden. Jetzt musste er erst sich, seinen Körper, seine Gedanken, seine Hände, seine Worte und dann noch den Mund nebst Zunge sortieren. Alles war aus dem Takt geraten und wehrte sich weiterhin bockig wie ein Kind, das man von der Wasserrutsche nehmen wollte. Er atmete tief durch.

»Reitmayr«, hörte er sich sagen. Und auch wenn es noch nicht wie früher klang, es klang. Er dachte es sich nicht nur. Keine Phantomtexte mehr. Reitmayr freute sich.

»Ja, spreche ich mit Herrn Doktor Reitmayr?«

»Ja, Reitmayr hier.« Kurz vergaß er seine eigentlichen Probleme.

»Wir freuen uns, Ihnen mitteilen zu können, dass Ihre Schuhe fertig sind!«

Reitmayr lächelte. Es wirkte wie aus einer anderen Welt. Maßschuhe! Das war mal sein Problem gewesen. Er fühlte seine Füße in den Badelatschen. Recht befreiend, hatte er vor ein paar Tagen gedacht. Und sich dann gleich wieder dafür verflucht, sich dem Abstieg und der Gammelei hinzugeben.

»Das freut mich«, hörte Reitmayr sich überbetont sagen. »Leider bin ich grade etwas unpässlich. Könnten Sie mir die Schuhe auf dem Postwege zusenden?«

Am anderen Ende der Leitung hörte er unausgesprochene Irritation. »Ja, also«, stockte es, »wenn es Ihnen so beliebt? Für Nachbesserungen müssten Sie allerdings…«

»Jaja«, unterbrach Reitmayr. »Ich weiß, direkt nochmal zum Maître. Jetzt muss es erstmal so gehen, bittschön.«

»Sehr wohl, Herr Doktor.« Er sah den Assistenten sich förmlich real verbeugen am Telefon. Diese Obrigkeitshörigkeit in Österreich. Das hatte er auch mal toll gefunden. Bis er feststellen musste, wie schnell aus oben unten werden konnte.

»Wie geht es ihm?«, erkundigte sich Neuhaus bei Seydler, als der sich am Krankenhaus-Automaten einen Kaffee zog.

»Besser, viel besser. Man kann ihn verstehen.«

»Das glaube ich nicht ganz«, witzelte Neuhaus. Seydler bestrafte sie mit einem bösen Blick.

»Wie steht es mit der Polizei?«

»Zumindest sitzt kein Polizist mehr vor seiner Zimmertür. Und eine Befragung am Krankenbett konnten wir auch abwenden.«

»Hat er das mit dem Polizisten eigentlich mitbekommen?«

»Nein, ich denke nicht. Er war zu dem Zeitpunkt noch

so weit weg von allem. Das hat dann auch die Polizei begriffen.«

»Aber jetzt, wo er wieder fitter ist, schicken die keinen hierher?«

Seydler guckte aus dem Fenster und blickte einer Straßenbahn hinterher, die sich gerade über die Brücke Richtung Hauptbahnhof schlängelte. Das Wasser des Mains glitzerte unter der Brücke in der Abendsonne.

»Behörden eben. Sie hätten den Beamten ja auch zu seinem Schutz abstellen können. Heißt ja nicht, dass der, der die Wirtschaftsprüferin einfach umlegt, nicht auch den beratenden Anwalt umbringen lässt.«

»Und du sagst der Polizei nix?« Neuhaus kreischte fast.

»Ja, wieso sollte ich, das ist doch deren Aufgabe?«

»Und dein Freund!«

»Ja, aber die werden das schon beurteilen können.« Neuhaus' Blick durchbohrte ihn. »Ja, du hast ja recht. Ich frage bei der Polizei nach.«

XXXIX

Angus Burchardt hatte sich vom Supermarkt-Lieferdienst um die Ecke frische Früchte und Eiskugeln bringen lassen. Eiskugeln waren der neue Trend in der Gastronomie. Es waren klare, gefrorene Wasserkugeln. Perfekt für alle anspruchsvollen Drinks, die nicht frühzeitig verwässern sollten. Er räumte die Eiskugeln in eine ausziehbare Gefrierschublade seines Küchenblocks und kredenzte sich einen Negroni. Einfach und dennoch oder gerade deswegen voller Stil.

Er schwenkte das Glas und dachte nach. Er ärgerte sich über die Polizei. Die waren auf die lächerlichen Straftaten spezialisiert. Vorstadt-Rambos von der Polizeischule jagten Hasch rauchende Versager, und so saßen sie dann doch wieder in einem Boot. Zwar jeder an einer anderen Schreibtischseite, aber dennoch vereint in ihrer Lächerlichkeit. Und was konnte die Polizei nicht? Wirtschaftsverbrechen aufklären. Da wo wirklich Straftaten geschahen und sogar Menschen umgebracht wurden, da passierte einfach nichts. Als ob es eine Fremdsprache wäre, die sie nicht mal ansatzweise beherrschten. Und dafür die ganzen Steuern, dachte Burchardt. Vielleicht wäre es doch an der Zeit, in die Schweiz umzusiedeln wie viele seiner Freunde, besser gesagt: seiner Bekannten.

Er suchte gerne seinen Vorteil bei Geschäften und übervorteilte auch sicher den einen oder anderen. Aber er wusste von sich, dass er niemanden dafür würde umlegen wollen. Seine Ex-Frau, ja, die schon. Aber das war etwas anderes. Die Zahlen waren eindeutig geschönt, die Braut phänomenal aufgehübscht worden. Aber welcher der Anteilseigner wäre so dumm, das so offenkundig zu tun, und dann auch noch die Wirtschaftsprüferin umbringen zu lassen? Die Zahlen waren ja auch ohne »Tuning« schon gut. Wer war ein solcher Raffzahn, dachte Burchardt. Er war ratlos. So kannte er sich gar nicht.

XL

»Wissen Sie, was wir glauben, Herr Doktor Fiedler?«, sagte Simone Tenne dem sichtlich müden Seniorpartner. Sie saßen in seinem Büro im vierzehnten Stock, der Main zog am Hochhaus vorbei, und in Sachsenhausen sah man die groben grauen Hochhauskasernen, die mal als modernes Leben gedacht worden waren. Wer da wohl gedacht hatte – oder besser: nicht gedacht hatte, dachte sich Fiedler oft. Jetzt dachte er fast nichts mehr.

»Nein, ich weiß nicht, was Sie glauben, Frau Tenne.«

Simone Tenne war das, was die Bayern eine *Bissgurke* nannten. Verhärmt, brillant und verbissen in ihrem Job. Wider alle Weiblichkeit hatte sie sich zur Oberstaatsanwältin durchgekämpft, als man Feminismus nur in einschlägigen Buchhandlungen fand. Fiedler lobte sich das. Sie hatte es wirklich zu was gebracht, in einer Zeit, in der man, das musste er zugeben, Frauen noch rigoros ausbremste. Er dachte an den phänomenalen Fall der Brenda Berkman, die gegen die Stadt New York für gerechte Einstellungstests klagte - und gewann. Sie begann 1982 als eine der ersten Frauen bei der New Yorker Berufsfeuerwehr und ging 2006 im Rang einer Captain in den Ruhestand. Rückwirkend empfand Fiedler Scham für die machohaften, völlig grundlosen Haltungen gegenüber dem anderen Geschlecht.

»Ihrem Doktor Reitmayr hat seine Faulheit das Leben gerettet.«

Fiedler schaute auf.

»Wenn er selber hinter die manipulierten Zahlen gekommen wäre und nicht erst die Wirtschaftsprüferin, wäre wohl er jetzt statt ihrer tot«, sagte Simone Tenne.

Fiedler rutschte in seinem *Vitra*-Stuhl hoch.

»Meinen Sie das ernst?«

»Ja, hätte Angus Burchardt Ihren Partner beim ersten Kennenlernen im Golfclub nicht so erniedrigt, und wäre Reitmayr nicht in so eine vehemente Arbeitsverweigerung geraten, dann hätte ihm das zuerst auffallen müssen. Der Mord war also nicht personenbezogen. Er war ausschließlich wissensbezogen. Und Ihr Partner«, fuhr Simone Tenne fort, »wusste schlicht nichts über den Fall, so wie es derzeit aussieht.«

»Aber die ER12-Com Investment AG hat über zwanzigtausend Anteilseigner. Wie wollen Sie denn da jetzt den Täter finden?«, sagte Fiedler.

»Wissen Sie, wer – kumuliert – einer der größeren mittelbaren Anteilseigner der ER12-Com Investment AG ist?«

»Ich bin mit dem Fall nicht ausreichend vertraut.« Fiedler kannte seit Jahrzehnten anwaltlicher Tätigkeit das eiserne Gesetz: Immer erst mal die Gegenseite kommen lassen.

»Angus Burchardt. Über seinen Investmentfonds in

Papua-Neuguinea und einem Trust auf den Caymans. Und noch einige weitere, kleinere Fonds.«

Fiedler schaute erstaunt.

»Ich dachte, der sitzt nur im Aufsichtsrat der SE.«

»Ja, das dachten wir auch. Bis wir uns die Mühe machten, alle Eigner mit weniger als 10% zu recherchieren. Burchardt hat seine Beteiligungen so gut tranchiert, dass es uns erst einmal nicht auffiel. Er hatte wohl damit gerechnet, dass wir unter zehn Prozent Beteiligung nicht suchen würden. Hat auch fast geklappt.«

»Und nun?«, fragte Fiedler.

»Nehmen wir ihn fest«, sagte Simone Tenne.

Fiedler blickte erstaunt. »Aber das sagt doch noch gar nichts. Bei zwanzigtausend Anteilseignern? Außerdem hasst Burchardt nicht die Wirtschaftsprüferin, sondern Reitmayr.«

»Wir denken, er liebt am meisten sein Geld.«

»Na, Herr Doktor Reitmayr, wie isses«, fragte Lina Assmann mit einem fröhlichen Lächeln im Gesicht. Er musste auch lächeln, so offen und herzlich erhellte sie sein Zimmer.

»Ach danke, soweit ganz gut. Mit ganzen Worten zumindest schon mal wieder. Nur Namen fallen mir manchmal nicht gleich ein.«

»Seien Sie unbesorgt, das trainiert fürs Alter«, lachte sie und öffnete das Fenster. Draußen quietschte eine Straßenbahn hörbar in den Schienen. Ein Rettungswagen brach sein Hornspiel ab, als er die Rampe zur Notaufnahme herunterfuhr.

»Heute mal wieder ein paar Sprachübungen. Wörter verbiegen ist doch Ihr Metier, oder?« Wieder dieses Lächeln, dachte Reitmayr.

»Aber zuallererst: Hier kam ein Paket für Sie an. Ihre Assistentin stellte es heute Morgen vor Ihr Zimmer, als Sie noch schliefen.«

Reitmayr schaute interessiert. Dann war ihm klar, was es war. Das Paket aus Wien. Es war in Packpapier gewickelt und mit brauner Kordel verschnürt.

»Wollen Sie es zuerst auspacken?«

»Wenn das geht?«

»Wenn ich Ihnen Gesellschaft leisten darf?«

»Ja, es sind meine neuen Schuhe. Meine ersten Maßschuhe.«

»Da bin ich gerne dabei, bei einem ersten Mal«, grinste sie.

Sie legte ihm das Paket auf sein Bett und schaute ihn erwartungsfroh an. Reitmayr zögerte.

»Ob ich die wirklich nochmal brauchen werde?«

»Wieso nicht?«

»Wenn der hier«, er deutete auf seinen Kopf, »nicht mehr richtig funktioniert?«

»So ein Unsinn. Schöne Schuhe können Sie auch im Altersheim noch tragen. Los, auspacken!«, lachte sie wieder.

Reitmayr zog das Band auf, wickelte das Packpapier vorsichtig ab. Dann öffnete er das Paket. In ihm waren drei marineblaue Samtkartons. Behutsam öffnete er einen. Die Boots lagen weich in seinen Händen. Dann nahm er einen in seine linke Hand und konnte wieder etwas fühlen. Die Seite war langsam, aber stetig aus ihrem plötzlichen Schlaf erwacht. Er lächelte.

»Welchen wollen Sie zuerst anziehen?«

»Den Linken!«, rief er fast etwas zu laut.

»Links ist Ihre Seite, in jeder Hinsicht?«

Reitmayr nickte.

XLI

Diesmal waren es Reitmayrs Krücken, die auf der Rückbank des *Porsche* lagen. Und diesmal saß Seydler auf dem Fahrersitz, nicht er.

»Erstes Mal Büro, freuste dich?«

»Hm.«

»Naja, abgesehen von der Vernehmung.«

»Hm.«

Seydler schaute angestrengt nach vorn. »Sorry.«

»Nee, schon ok. Bloß alles komisch.«

»Fiedler hat doch gesagt, nur eine kurze Befragung mit dir, Flachs und Fiedler, euren Anwälten und der Staatsanwältin.«

»Oberstaatsanwältin.«

»Oder so.«

»Die wissen doch, dass du die Schlichter nicht hast umbringen lassen. Und deine, sagen wir mal so, Faulheit…«

»Ja, hat mir wohl das Leben gerettet.«

»Hat aber auch Vanessa ins Grab gebracht.« Reitmayrs Blick verdüsterte sich.

»Das stimmt.« Seydler zögerte. »Ich wusste nicht, dass Ihr euch besser kanntet.«

»Ich weiß gar nicht, ob das so stimmt. Ich kann sie

ja nicht mehr fragen.«

Sie bogen in die Tiefgarage ein und stellten sich auf den Platz mit dem Schild F-FR 1.

»Müll, wie passend.«

»Ach, Frederic, komm.«

Sie fuhren mit dem Aufzug in die Konferenzetage. Dort erwartete Fiedler sie bereits. Flachs war noch im Gespräch mit den externen Anwälten, die sie gegenüber der Staatsanwaltschaft vertreten sollten.

»Kommt Burchardt auch?«, wollte Seydler wissen.

»Nein«, antwortete Fiedler kurz angebunden. »Er sitzt bald in U-Haft.«

»Was?«, rief Seydler aus.

Reitmayr stützte sich auf seine Krücken. Neuhaus brachte wie unsichtbar Kaffee an den Konferenztisch.

Simone Tenne betrat die Etage, begleitet von einem weiteren Staatsanwalt und zwei Beamten der Kriminalpolizei.

»Meine Herren, guten Tag, wollen wir uns vielleicht gleich setzen?«

Fiedler und die anderen nickten. Als wenn sie hier die Hausherrin wäre, dachte Reitmayr. Aber vielleicht war sie das auch schon bald, wenn hier alles zusammenbrach.

Fiedler deutete Richtung Toiletten und empfahl sich kurz.

»Darf es ein Kaffee sein für Sie?«, fragte die Neuhaus.

Die Oberstaatsanwältin und ihre Begleitungen nickten. »Herr Doktor Flachs kommt auch gleich, mit unseren Anwälten.«

»Sicher«, sagte Tenne. Sie hatte mit nichts anderem gerechnet.

Reitmayr schaute aus dem Fenster. Dieses vertikal geschnittene Hochhausfenster mit der eingesetzten Luke, mit der man Frischluft in dieses kapitalistische Aquarium bringen konnte. Das Bild hatte er schon mal gesehen. Nur wo, fragte er sich und fragte sich gleich danach, ob sein Kopf ihm einen Streich spielte. Hatte er sich verguckt? Wo hatte er dieses Bild nur schon einmal gesehen? Zur gleichen Sekunde kam Flachs mit den drei externen Anwälten zur Tür herein. Es gab einen kleinen Windhauch und dann einen Klatscher. Zunächst dachte Reitmayr, die Tür sei ins Schloss gefallen.

Dann wusste er, woher er das Bild kannte. Hochhaustürme bauten sich vor seinem inneren Auge auf. Es war *the falling man*. Einer der Menschen, die aus dem brennenden *World Trade Center* gesprungen waren. So jemanden hatte er eben auch an der Fensterfront vorbeifliegen sehen.

»Doktor Reitmayr, ist alles in Ordnung? Sie sind so bleich.«

Er hörte von unten durch die geöffnete Fensterluke Stimmen, dann einen Schrei. Dann Getümmel. Ganz leicht nur. Vom Wind und der Höhe verweht. Und mit einem Mal wusste er alles. Alles war ihm ganz klar.

Es war so unlogisch und dann wieder genau das Gegenteil davon.

Er sagte nur ein Wort. Ganz leise.

»Fiedler.«

Bitte beachten Sie auch die folgenden Seiten.

Jan C. Behmann

medicteach.de
behmann.de
@behmann_schreibt

Jan C. Behmann, 1985 geboren in Hannover. Ausbildung zum Rettungsassistenten und Tätigkeit im Rettungsdienst, u.a. am Frankfurter Flughafen. Ausbilder für Erste Hilfe, Fachkraft für Arbeitssicherheit und geprüfter Brandschutzbeauftragter. 2021 legte er erfolgreich die staatliche Ergänzungsprüfung zum Notfallsanitäter ab.

2007 Gründung der Firma *medicteach*, die er bis heute als geschäftsführender Gesellschafter führt. medicteach hat seit ihrer Gründung bisher mehr als 30.000 Teilnehmende geschult. Im Bereich Arbeitssicherheit werden Firmen international und bilingual beraten.

2006 ein erster Fachartikel, mehrere Jahre fester freier Autor des *Rettungsmagazins*. Autor eines DGUV-zugelassenen Erste-Hilfe-Lehrwerks in bislang vierter Auflage mit mehr als 10.000 Exemplaren on- und offline. Seit Herbst 2021 auch in englischer Sprache verfügbar. Seit 2010 Mitherausgeber und Co-Autor eines Notfallhandbuchs mit mehr als zehn Auflagen.

Seit 2017 fester freier Autor der Wochenzeitung *Der Freitag*. Interviews u.a. mit Literaturnobelpreisträger Peter Handke und Thomas Fischer. Mehr als 130 Artikel und Interviews, sowie mehr als 100 Glossen für *das Freitag A-Z*. Mehr als 340.000 Views allein für seine Artikel auf *freitag.de* und seinem Blog.

Er lebt und schreibt in seiner persönlichen »Niemandsbucht« Mühlheim bei Frankfurt am Main.

Dank

Ein Roman ist ein Mammutprojekt. Und so wurde aus einer spontanen Idee keine Kurzgeschichte mit dem Titel «Halbseitig», sondern ein ganzer Roman.

Ich danke zuallerst **Christopher**, der immer daran glaubte, dass ich eines Tages belletristische Bücher schreiben würde. Er sollte, wie so oft, recht behalten.

Meiner Lektorin **Heide Sommer** danke ich, dass sie so feinfühlig mit dem Text und des Autors Emotionen umgegangen ist und somit dem Roman die »Goldkante« angenäht hat. Danke, Heide.

Ich danke **Steven**, der seit zehn Jahren als guter Freund voller Hingabe meine Projekte unterstützt und mit dem ich bei Cappuccino und Zigarre beim samstäglichen »Zirkel« über die Weltlage philosophiere.

Ich danke **J.A.** für den gemeinsamen Resonanzraum des Denkens.

Berthold Schnitzer danke ich, dass er als Grafiker das Druckprojekt so motiviert übernommen hat, und mit seiner ruhigen Art auch in Zukunft dafür sorgen wird, alle grafischen *medicteach*-Projekte zu einem gestalterischen Erfolg zu führen.

Gabor Farkasch danke ich für die Entwicklung des Covers in Lichtgeschwindigkeit; ich mag es bis heute sehr.

Kapitän Thorsten danke ich für die gemeinsamen Gedankenreisen bei Kaffee & Gebäck; wenn Sie im Roman von »Kapitän Regen« lesen, lesen sie von ihm.

Jens Escher danke ich für unsere langjährige Freundschaft, die nicht vieler Worte bedarf.

Ich danke meinem Friseur **Reiner Balanta**, dass er mir seit 2006 meine Haare schneidet und meine Seele kämmt. Er ist ein wahres Unikat in F-Bockenheim.

Ich danke meiner Übersetzerin **Bo Bosch**, dass sie schon seit vierzehn Jahren mein Wirken so wohlwollend begleitet und mein Lehrwerk ins Englische übertragen hat.

Heinz Hess, *Tonstudio-Heinz*, Inhaber des Tonstudios *Art of June*, danke ich wie immer für seine bloße Existenz und dass er mir beim Einlesen meiner Texte ein grandioser Arrangeur ist.

Dank gilt meinen *medicteach*-Mitarbeiterinnen und Mitarbeitern - **Mathias, Nicky, Benjamin, Markus, Christina, Katharina und den freiberuflichen Kolleg:innen** - die Chefs kreative Ausflüge wohlwollend begleiten und manchen Stressmoment stillschweigend verzeihen. Ich bin mächtig stolz auf Euch!

Unseren **Kundinnen und Kunden** sei zutiefst gedankt für die jahre-, teils jahrzehntelange Treue.

Unseren **Lieferantinnen und Lieferanten** sei ebenso weiterhin für die gute Zusammenarbeit gedankt.

Und natürlich danke ich auch allen **Leserinnen und Lesern**, die sich über meine Texte freuen und denen es Inspiration im Alltag ist. Bleiben Sie meinen Texten gewogen, rufe ich Ihnen zu.

Dem Team des *Café Crumble*, insbesondere **Dogan und Benny**, danke ich für die mittlerweile sechzehnjährige Gastfreundschaft und auf noch viele weitere Cortados im Glas.

Ich danke **Peter Wirth**, alias *Bahnbabo*, für seine Bereitschaft im Text als Person integriert zu sein.

Und ich danke **Kathrin, Klaudia, Wolfgang (»WW«), Patrick, Paul, Peter, Pia, D.S., Familie H**. und dem Team des ***McDonald´s* Mühlheim**.

Dank an Rechtsanwalt **Dr. R.H.** für einen sinnvollen Hinweis zum Covertext.

Last but not least, möchte ich **Christophers Familie** großen Dank aussprechen; sie wissen, wofür.

Als nachts um halb zwei
mein Telefon klingelt und Sarahs Name
auf dem Display erscheint, weiß ich,
dass etwas Schlimmes passiert sein muss.
Nur wie schlimm, ahne ich noch nicht.
Wir sind seit zwanzig Jahren getrennt, aber ich
bin so ein *Auf-mich-ist-immer-Verlass-Typ.*
Egal wie schlecht man mich behandelt hat.
Und Sarah hatte mich gar nicht
schlecht behandelt.
Ich nehme den Anruf ohne Zögern
an – und sie sagt daraufhin, ohne zu zögern:
„Mein Baby ist tot."
Was sagt man darauf?
Ich sage nichts.
Ich stehe auf und fahre los.

Bei diesem Werk handelt es sich glücklicherweise um reine Fiktion.

Zugelassen durch die Deutsche Gesetzliche Unfallversicherung (DGUV) als Teilnehmendenunterlage für Erste-Hilfe-Kurse.

Verfügbar in deutscher und englischer Sprache.

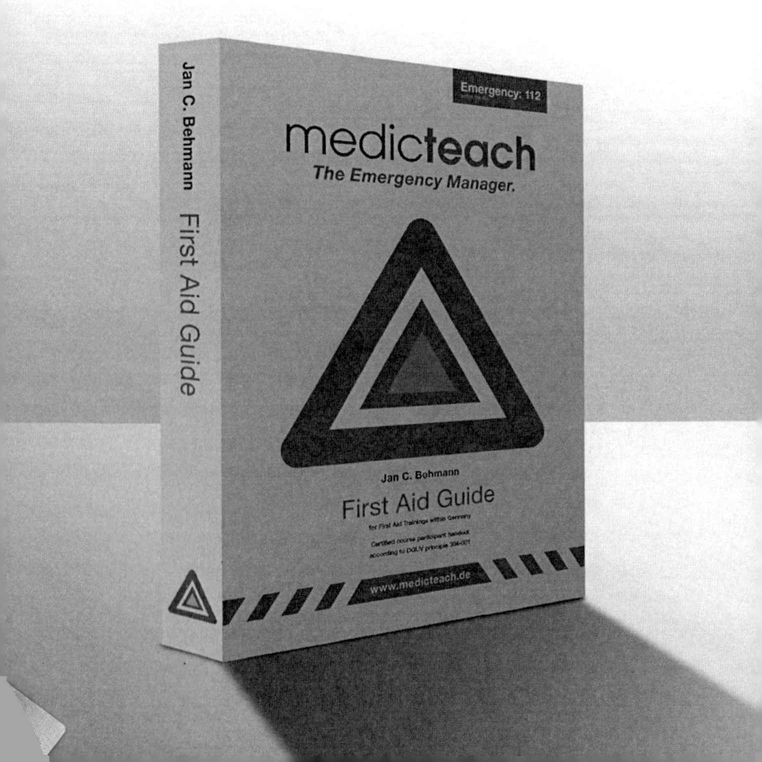

Impressum